KÄMPER/PUTTLER (Hrsg.)

Straßburg und das kirchliche Arbeitsrecht

Staatskirchenrechtliche Abhandlungen

Band 52

Straßburg und das kirchliche Arbeitsrecht

Welche Folgen hat die Rechtsprechung des Europäischen Gerichtshofes für Menschenrechte für das kirchliche Arbeitsrecht in Deutschland?

Herausgegeben von

Burkhard Kämper und Adelheid Puttler

Duncker & Humblot · Berlin

Bibliografische Information der Deutschen Nationalbibliothek

Die Deutsche Nationalbibliothek verzeichnet diese Publikation in der Deutschen Nationalbibliografie; detaillierte bibliografische Daten sind im Internet über http://dnb.d-nb.de abrufbar.

Satz: L101 Mediengestaltung, Berlin
Druck: Berliner Buchdruckerei Union GmbH, Berlin
Printed in Germany

ISSN 0720-7247
ISBN 978-3-428-13968-2 (Print)
ISBN 978-3-428-53968-0 (E-Book)
ISBN 978-3-428-83968-1 (Print & E-Book)

Gedruckt auf alterungsbeständigem (säurefreiem) Papier
entsprechend ISO 9706 ♾

Internet: http://www.duncker-humblot.de

Vorwort

Am 31. Januar 2011 veranstaltete die Juristische Fakultät der Ruhr-Universität Bochum die Offene Fachtagung „Straßburg und das kirchliche Arbeitsrecht".[1] Dabei ging es um die Frage, welche Folgen die Rechtsprechung des Europäischen Gerichtshofs für Menschenrechte (EGMR) für das kirchliche Arbeitsrecht in Deutschland hat. Hierzu gaben insbesondere zwei Urteile des EGMR vom 23. September 2010 Anlass, die in Deutschland für ein außerordentlich starkes Echo in der Medienlandschaft gesorgt hatten. In beiden Fällen waren Arbeitsverhältnisse eines kirchlichen Mitarbeiters wegen außerehelicher Beziehungen gekündigt worden und die hiergegen gerichteten staatlichen Arbeitsgerichtsverfahren im Ergebnis ohne Erfolg geblieben. Während der EGMR im so genannten Mormonenfall keine Verletzung des Rechts auf Privat- und Familienleben nach Artikel 8 der Europäischen Menschenrechtskonvention (EMRK) annahm, ging er im Fall eines katholischen Kirchenmusikers aus dem Bistum Essen von einer solchen Verletzung aus.

Im Nachgang zu diesen beiden Entscheidungen stellt sich für die Praxis nicht nur die Frage nach den Gründen für die unterschiedliche Behandlung der beiden Fälle. Die verschiedenen Reaktionen zeigen auch, dass die Konsequenzen einer Entscheidung des EGMR für das nationale Recht einer Erläuterung bedürfen. So stellt sich im Kirchenmusikerfall nicht nur die Frage, ob unter Umständen das bereits rechtskräftig abgeschlossene arbeitsgerichtliche Verfahren wieder aufleben kann oder gar gegenstandslos ist. Lebhaft erörtert wird auch, inwieweit die bisherige Praxis kirchlicher Arbeitgeber im Umgang mit besonderen Loyalitätsanforderungen an die bei ihnen Beschäftigten eine Relativierung erfahren hat. Müssen kirchliche Arbeitgeber diese Anforderungen nun aufgeben oder aber zumindest anpassen? Nicht zuletzt besteht Unsicherheit darüber, wie die Arbeitsgerichte künftig mit vergleichbaren Fällen umgehen werden.

All diesen Fragen wurde auf der Tagung nachgegangen. Das Thema stieß auf reges Interesse, nahmen an der Tagung doch etwa 160 Teilnehmer teil, darunter Wissenschaftler aus den Bereichen des Arbeits-, Verfassungs- und Europarechts, aber vor allem auch eine beträchtliche Zahl von

[1] Vgl. dazu die Tagungsberichte von *Boris Bullmann* und *Tim Busemann,* KuR 2011, S. 134 ff., sowie von *Isabella Risini* und *Benjamin Böhm,* DVBl. 2011, S. 878 f.

Praktikern. Auf der Teilnehmerliste fanden sich neben Fachanwälten für Arbeitsrecht und Arbeitsrichtern auch Juristen und Personalverantwortliche der (Erz-)Diözesen und Landeskirchen, aus Caritas und Diakonie sowie aus Kirchengemeinden.

Für die Fachvorträge konnten hochkarätige Experten gewonnen werden, die die Fragen sowohl aus der Perspektive der Wissenschaft wie auch aus der Sicht der Praxis beleuchteten.

Die anschließende Diskussion mit dem Fachpublikum war außerordentlich lebhaft und zeigte, dass die jüngste Rechtsprechung des EGMR zu kirchlichen Arbeitsverhältnissen eine Vielzahl von Einzelfragen aufwirft und die Konsequenzen für die deutsche Rechtslage noch einer weiteren Klärung bedürfen. Aus der Zuhörerschaft wurde der Wunsch nach einer Publikation der Tagungsbeiträge geäußert. Der Tagungsband soll die Diskussion dieser wissenschaftlich herausfordernden und für die Praxis außerordentlich relevanten Fragen befördern.

Essen/Bochum, im November 2012

RA Dr. *Burkhard Kämper* Prof. Dr. *Adelheid Puttler*, LL.M.

Inhaltsverzeichnis

Die Straßburger Urteile *Obst* und *Schüth* aus der Perspektive des kirchlichen Arbeitsrechts in Deutschland

Von Christoph Grabenwarter

I. Einleitung

Am 23. September 2010 ergingen zwei für Deutschland besonders bedeutsame Urteile einer Kammer der fünften Sektion des EGMR in den Fällen *Obst* und *Schüth*. Sie betreffen einen zentralen Bereich des Staat-Kirche-Verhältnisses, das kirchliche Arbeitsrecht. Dabei werden vom EGMR erstmals die grundrechtlichen Spannungslagen vermessen, die sich im kirchlichen Arbeitsrecht verbergen. Auf der Seite der Kirche ist es das Recht der Religionsfreiheit, auf der Seite des kirchlichen Mitarbeiters das Recht auf Privat- und Familienleben nach Art. 8 EMRK. Im Folgenden sollen nach Bemerkungen zum Verfahrensablauf im Fall *Schüth* die zentralen Inhalte der Urteile mit den wesentlichen Gesichtspunkten aus der kirchlichen Perspektive dargestellt werden, um nachfolgend kritische Anfragen an die Urteile zu stellen. Ganz bewusst werde ich wiederholt eine vergleichende Betrachtung der Fälle *Obst* und *Schüth* vornehmen.

Einige Vorbemerkungen zum Verfahrensablauf:

1. Der Sachverhalt im Fall *Schüth* liegt knapp 15 Jahre zurück. Die Beschwerde beim EGMR wurde im Januar 2003 eingebracht. Hauptverantwortlich dafür ist die mehr als siebeneinhalbjährige Dauer des Verfahrens vor dem EGMR (2003 bis 2010).

2. Das Bistum Essen wurde im Jahr 2008 nach der Zustellung der Beschwerde an die Bundesregierung als drittbeteiligte Partei („third party“) zugelassen und gab eine Stellungnahme ab, in der auf das Selbstbestimmungsrecht der Kirchen, die auf die Rechtsposition der Arbeitnehmer Bedacht nehmende, differenzierende Praxis der Kirche und das Erfordernis der Abwägung zwischen Rechten des Arbeitgebers und des Arbeitnehmers eingegangen wurde. Sie wurden im Urteil rezipiert, auf die zentralen Argumente wird später einzugehen sein. Zur Beurteilung der Waffengleichheit im Straßburger Verfahren muss man wissen, dass die Äußerungen von Drittbeteiligten, auch wenn sie Parteien im innerstaatlichen

Verfahren waren, strikt auf zehn Seiten begrenzt sind und es nur diese eine Äußerungsmöglichkeit gibt, während sich die Beschwerdeführer und belangten Staaten (hic: Bundesregierung) unbegrenzt äußern dürfen.[1]

3. Ein Antrag des Verbands der Diözesen Deutschlands (VDD) auf Zulassung als drittbeteiligte Partei wurde mit zweifelhafter Begründung zurückgewiesen, nämlich einmal wegen Fristablaufs, einmal weil es nicht im Interesse einer „proper administration of justice“ gewesen wäre, den VDD zuzulassen. Beide Begründungen sind zumindest bemerkenswert, auch ihre Kumulation in einer solchen prozessualen Frage ist es im Übrigen, weil sie erkennen lässt, dass der EGMR eine einzige Begründung offensichtlich nicht für ausreichend befunden hat. Für das Fristargument muss man wissen, dass die im innerstaatlichen Verfahren zunächst siegreichen Parteien vom Frist auslösenden Ereignis, der Zustellung der Beschwerde, gar nicht informiert werden. Dies ist einem speziellen Service der deutschen Bundesregierung zu danken, die dazu freilich nicht verpflichtet ist. Und auch das geschieht oft zu spät, wie im vorliegenden Fall: Der VDD erfuhr am 3. Juni 2008 von der Beschwerde und der zwölfwöchigen Frist, bereits am 18. Juni 2008 lief sie ab; zu kurze Zeit, um eine Meinungsbildung herbeizuführen.

4. Das Urteil *Schüth* wurde ebenso wie jenes im Fall *Obst* am 23. September 2010 verkündet. Wegen der personellen Konstellation in der Gerichtskanzlei lag es zunächst nur in französischer Sprache vor.

   Mit dem 23. Dezember 2010 wurde es rechtskräftig. Von einigem Interesse ist die Zusammensetzung der Kammer, die entschieden hat. Neben dem dänischen Kammerpräsidenten und der deutschen Richterin gehörten ihr an: die Richter Estlands, Monacos, Mazedoniens, Bulgariens und der Ukraine. Ich möchte diese Liste nicht näher kommentieren, wohl aber darauf hinweisen, dass keiner dieser fünf Richter aus den Erfahrungen seines oder ihres Heimatstaats heraus besonders großes Verständnis für die deutsche Rechtslage und das Staat-Kirche-Verhältnis in Deutschland aufbringen konnte.

II. Die Urteile vom 23. September 2010 im Überblick

Beide Fälle, über die der EGMR nach Erschöpfung des innerstaatlichen Rechtswegs zu entscheiden hatte, betrafen die Kündigung eines Arbeitsver-

---

[1] Zur Stellung der Drittbeteiligten im Verfahren vor dem EGMR vgl. *Grabenwarter/Pabel,* Europäische Menschenrechtskonvention, 5. Aufl. 2012, § 13 Rn. 41; *Grabenwarter*, „Third Parties“ im Verfahren vor dem Europäischen Gerichtshof für Menschenrechte, FS Klein (2013, im Erscheinen).

hältnisses durch einen kirchlichen Arbeitgeber wegen eines außerehelichen Verhältnisses des Arbeitnehmers. Der Gerichtshof befasste sich in diesen Verfahren zum ersten Mal mit der Kündigung von Kirchenangestellten aufgrund von Handlungen und Verhaltensweisen, die ihrem Privatleben zuzuordnen sind.

Lassen Sie mich in wenigen Sätzen die Eckpunkte der Sachverhalte zusammenfassen, auch wenn Sie vielen bekannt sind. Der Beschwerdeführer *Obst*[2] wuchs als Mormone auf und heiratete 1980 diesem Glauben entsprechend. Er war bis 1993 Gebietsdirektor der Mormonenkirche für Öffentlichkeitsarbeit für Europa, als er einem Seelsorger anvertraute, dass er ein außereheliches Verhältnis mit einer anderen Frau gehabt habe. Er informierte auf dringenden Rat des Seelsorgers darüber seinen Dienstvorgesetzten, wurde wenige Tage später fristlos gekündigt und in der Folge auch aus der Kirche ausgeschlossen.

Der Beschwerdeführer *Schüth*[3] war seit Mitte der 1980er Jahre bei der katholischen Pfarrgemeinde St. Lambert im Bistum Essen als Organist und Chorleiter angestellt, als er sich 1994 von seiner Frau trennte und – bei aufrechter Ehe – ab 1995 mit einer neuen Partnerin zusammenlebte. Nachdem bekannt wurde, dass sie ein Kind von ihm erwartete, wurde er im Juli 1997 mit Wirkung zum April 1998 gekündigt, da er gegen die Grundordnung der katholischen Kirche für den kirchlichen Dienst im Rahmen kirchlicher Arbeitsverhältnisse verstoßen habe.

Beide Beschwerdeführer klagten und waren in erster und zweiter Instanz erfolgreich. Das Bundesarbeitsgericht aber fand im Hinblick auf das Urteil des Bundesverfassungsgerichts vom 4. Juni 1985,[4] dass beide Beschwerdeführer die aus ihren Arbeitsverträgen resultierenden Pflichten verletzt hätten. Nach Zurückverweisung wiesen die Landesarbeitsgerichte die Klagen ab. Weitere Rechtsmittel blieben erfolglos.

Der EGMR fand im Fall *Schüth* eine Verletzung des Rechts auf Privat- und Familienleben nach Art. 8 EMRK, im Fall *Obst* verneinte er bekanntlich eine Menschenrechtsverletzung. Die jeweiligen Begründungen der Entscheidungen verlaufen zunächst parallel: In beiden Fällen sieht es der EGMR als seine Aufgabe an, darüber zu befinden, ob die von den deutschen Arbeitsgerichten vorgenommene Abwägung zwischen dem Recht der Beschwerdeführer auf Achtung ihres Privat- und Familienlebens nach Art. 8 EMRK einerseits und den Konventionsrechten der katholischen Kirche bzw. der Mormonenkirche andererseits den Beschwerdeführern einen aus-

2 EGMR, Urt. v. 23.9.2010, Nr. 425/03 (Obst) = EuGRZ 2010, 571 ff.

3 EGMR, Urt. v. 23.9.2010, Nr. 1620/03 (Schüth) = EuGRZ 2010, 560 ff.

4 BVerfGE 70, 138 ff.

reichenden Kündigungsschutz gewährt habe. Der EGMR unterstrich, dass die Eigenständigkeit von Religionsgemeinschaften gegen unzulässige staatliche Einmischung nach Art. 9 EMRK (Religionsfreiheit) i.V.m. Art. 11 EMRK (Vereinigungsfreiheit) geschützt war.

Der EGMR attestiert Deutschland sodann, durch die Einrichtung der Arbeitsgerichte und mit einem für die Überprüfung von deren Entscheidungen zuständigen Verfassungsgericht die positive Verpflichtung des Staats gegenüber Klägern in arbeitsrechtlichen Streitfällen grundsätzlich erfüllt zu haben.[5] In den beiden vorliegenden Fällen hatten die Beschwerdeführer vor einem Arbeitsgericht geklagt, das dazu befugt war, über die Wirksamkeit ihrer Kündigung nach staatlichem Arbeitsrecht unter Berücksichtigung des kirchlichen Arbeitsrechts zu entscheiden. In beiden Fällen, so stellt der EGMR fest, war das BAG zu der Auffassung gelangt, dass die von der Mormonenkirche und der katholischen Kirche geforderte Pflicht zur ehelichen Treue der Rechtsordnung nicht widerspreche. An dieser Stelle trennen sich die Begründungswege.

Im Fall *Obst* stellt der EGMR fest, dass die deutschen Arbeitsgerichte alle wesentlichen Gesichtspunkte des Falls berücksichtigt und eine sorgfältige Abwägung der Interessen vorgenommen hätten. Sie hätten herausgearbeitet, dass die Mormonenkirche erst dadurch in die Lage versetzt war, den Beschwerdeführer wegen Ehebruchs zu kündigen, dass er die Kirche aus eigener Initiative darüber informiert hatte. Der EGMR verweist in diesem Zusammenhang darauf, dass die Kündigung des Beschwerdeführers nach Auffassung der deutschen Gerichte eine notwendige Maßnahme war, um die Glaubwürdigkeit der Kirche zu wahren, insbesondere angesichts der hervorgehobenen Position des Beschwerdeführers und der besonderen Bedeutung der ehelichen Treue innerhalb der Kirche. Die Gerichte seien auch auf die Frage eingegangen, warum die Kirche nicht verpflichtet war, eine vorherige Abmahnung auszusprechen, und sie hätten darauf hingewiesen, dass der Schaden für den Beschwerdeführer durch die Kündigung, unter anderem in Anbetracht seines noch relativ jungen Alters, begrenzt war.

Die Tatsache, dass die deutschen Gerichte den Interessen der Mormonenkirche nach sorgfältiger Abwägung ein größeres Gewicht eingeräumt hatten als denen des Beschwerdeführers, stehe nicht an sich in Konflikt mit der Konvention. Der EGMR fand die Schlussfolgerung der deutschen Gerichte nachvollziehbar, dass die Mormonenkirche dem Beschwerdeführer keine unannehmbaren Verpflichtungen auferlegt hatte. Da er als Mormone aufgewachsen war, sei er sich darüber im Klaren gewesen oder hätte es sein sollen, welche Bedeutung die eheliche Treue für seinen Arbeitgeber hatte

[5] Der Parallelfall der evangelischen Kirche wurde mittlerweile ebenfalls entschieden: EGMR, Urt. v. 3.2.2011, Nr. 18136/02 (Siebenhaar), Z. 42.

und dass sein außereheliches Verhältnis mit den erhöhten Loyalitätspflichten als Direktor für Öffentlichkeitsarbeit für Europa unvereinbar war.[6]

Die Würdigung der Begründungen der deutschen Gerichte im Fall *Schüth* fällt deutlich kritischer aus: Das LAG hätte sich (im zweiten Rechtszug) darauf beschränkt, festzustellen, dass der Beschwerdeführer als Organist und Chorleiter zwar nicht in die Gruppe derjenigen Mitarbeiter fiel, deren Kündigung im Falle schweren Fehlverhaltens zwangsläufig war, etwa derjenigen in seelsorgerischen und klerikalen Berufen sowie in leitenden Positionen, aber dass seine Tätigkeit dennoch so eng mit dem Verkündigungsauftrag der katholischen Kirche verbunden war, dass sie ihn nicht weiter beschäftigen konnte, ohne jegliche Glaubwürdigkeit zu verlieren. Nach Auffassung des EGMR habe das LAG dieses Argument nicht weiter ausgeführt, sondern schien lediglich die Meinung des kirchlichen Arbeitgebers in dieser Frage wiedergegeben zu haben.[7]

Außerdem hätten die Arbeitsgerichte das de-facto Familienleben des Beschwerdeführers oder dessen Schutz nicht einmal erwähnt. Die Interessen des kirchlichen Arbeitgebers seien folglich nicht gegen das Recht des Beschwerdeführers auf Achtung seines Privat- und Familienlebens abgewogen worden, sondern lediglich gegen sein Interesse, seinen Arbeitsplatz zu behalten. Eine gründlichere Prüfung wäre bei der Abwägung der konkurrierenden Rechte und Interessen angemessen gewesen.[8]

Der EGMR räumt zwar ein, dass Herr *Schüth* mit der Unterzeichnung seines Arbeitsvertrags gegenüber der katholischen Kirche eine Loyalitätsverpflichtung eingegangen war, die sein Recht auf Achtung des Privatlebens in gewissem Maße einschränkte. Seine Unterzeichnung des Vertrags konnte jedoch „nicht als eindeutiges Versprechen verstanden werden, im Fall einer Trennung oder Scheidung ein enthaltsames Leben zu führen". Überdies hätten die deutschen Arbeitsgerichte kaum berücksichtigt, dass es keine Medienberichterstattung über seinen Fall gegeben hatte und dass er in den 14 Jahren im Dienst der Gemeinde die Position der katholischen Kirche offenbar nicht angefochten hatte.[9]

Die Tatsache, dass ein von einem kirchlichen Arbeitgeber gekündigter Mitarbeiter nur begrenzte Möglichkeiten hatte, eine neue Stelle zu finden, war für den EGMR offensichtlich von besonderer Bedeutung, wobei der EGMR erstens annimmt, dass der Beschwerdeführer eine spezifische Qualifikation hatte, die es ihm schwierig oder gar unmöglich machte, eine neue

---

[6] EGMR, Urt. v. 23.9.2010, Nr. 425/03 (Obst), Z. 47 ff.

[7] EGMR, Urt. v. 23.9.2010, Nr. 1620/03 (Schüth), Z. 66, 69.

[8] EGMR, Urt. v. 23.9.2010, Nr. 1620/03 (Schüth), Z. 67.

[9] EGMR, Urt. v. 23.9.2010, Nr. 1620/03 (Schüth), Z. 71.

Arbeit außerhalb der Kirche zu finden, und zweitens diesem Umstand besonderes Gewicht beimisst. Dem Umstand, dass der Beschwerdeführer nach seiner Kündigung eine Teilzeitbeschäftigung am selben Ort in der evangelischen Gemeinde gefunden hatte, begegnet der EGMR mit dem Argument, dass die Vorschriften der evangelischen Kirche für die Beschäftigung von Nichtmitgliedern der Kirche vorsahen, dass diese nur in Ausnahmefällen und nur im Rahmen einer Zusatzbeschäftigung angestellt werden konnten.[10]

Lassen Sie mich – bevor ich in eine Detailkritik eintrete – noch einmal die kollidierenden Grundrechtspositionen in Grundzügen entfalten, nämlich das Recht auf Selbstbestimmung der Kirche einerseits und das Privatleben des Beschwerdeführers andererseits.

III. Das Recht auf Selbstbestimmung der Kirchen als Beschränkung des Privatlebens der Beschwerdeführer

Die Abwägungsentscheidung des EGMR betont zwar zunächst naheliegenderweise die Rechtsposition des Beschwerdeführers nach Art. 8 der Konvention. Daneben aber findet im Rahmen der Schranken des Grundrechts auch die Rechtsposition der Kirchen Berücksichtigung, wobei der EGMR in beiden Entscheidungen bestätigt, dass sich die Kirchen auf die Rechte der EMRK berufen können: Unabhängig von ihrem Status als Körperschaft öffentlichen Rechts sind sie Grundrechtsträger, nicht aber Grundrechtsverpflichtete.[11] Die einschlägigen Rechte sind hierbei jene nach Art. 9 und 11 EMRK.

Art. 9 EMRK schützt nicht nur die individuelle Religionsfreiheit, sondern auch ihre korporative Seite. Daraus wird abgeleitet, dass Religionsgemeinschaften den Anspruch haben, sich zu gründen und Rechtsfähigkeit zu erlangen, aber auch das Selbstverwaltungsrecht ausüben zu können.[12] Der EGMR hat wiederholt festgestellt, dass der autonome Bestand von Religionsgesellschaften für den Pluralismus in einer demokratischen Gesellschaft unverzichtbar sei. Da Religionsgesellschaften traditionell in der Form organisierter Strukturen existierten, müsse Art. 9 im Licht von Art. 11 EMRK ausgelegt werden, der das Leben in einer rechtlich verfassten Gemeinschaft gegen ungerechtfertigte staatliche Eingriffe schütze.[13] Dabei unterstreicht der Straßburger Gerichtshof die besondere Bedeutung der kollektiven Seite

---

[10] EGMR, Urt. v. 23.9.2010, Nr. 1620/03 (Schüth), Z. 73.

[11] EGMR, Urt. v. 23.9.2010, Nr. 1620/03 (Schüth), Z. 54.

[12] *Grabenwarter,* Religion und EMRK, in: Zimmermann (Hrsg.), Religion und internationales Recht, 2006, S. 97 (113 ff.); *Frowein,* Freedom of Religion in the Practice of the European Commission and Court of Human Rights, ZaöRV 1986, S. 249 (255).

der Religionsfreiheit, die aus dem individuellen Recht abgeleitet werden kann.[14] Darüber hinaus hat der EGMR mehrfach festgehalten, dass die Religionsfreiheit nach der EMRK es ausschließe, dass der Staat bestimmen könne, ob religiöse Glaubensüberzeugungen oder die Mittel zum Ausdruck solcher Glaubensüberzeugungen legitim sind.[15] Weil die Organisationsstruktur einer Religionsgesellschaft eine eigene religiöse und sakrale Bedeutung haben kann, wie dies auch bei der katholischen Kirche der Fall ist, können die Struktur selbst und die interne Organisation einer Religionsgemeinschaft in den Schutzbereich des Art. 9 der Konvention fallen.[16]

Aus diesem Grund berechtigt das Recht auf Selbstbestimmung die Kirchen zur Organisation ihrer Tätigkeit, einschließlich der Entwicklung und der Aufrechterhaltung einer internen Organisationsstruktur, zur Auswahl ihrer Angestellten und zur Festlegung der religiösen Grundsätze, welche die Basis all ihrer Aktivitäten sein sollen.[17] Der Staat darf dabei insbesondere keine Befugnis haben zu beurteilen – in welchem Zusammenhang auch immer –, ob bestimmte religiöse Überzeugungen und Mittel zu deren Äußerung legitim sind. Aus diesem Grund ist es notwendiger Bestandteil des durch die Religionsfreiheit geschützten Selbstbestimmungsrechts, dass Kirchen in der Lage sind, spezielle vertragliche Verpflichtungen gegenüber einer Person, die bei ihr beschäftigt ist, zu begründen. Solche Verpflichtungen können auch Loyalitätspflichten umfassen, die von Mitarbeitern verlangen, dass sie ihr Leben im Einklang mit der Lehre der Kirche führen. Erst die Fähigkeit der Kirchen, im Rahmen des kirchlichen Arbeitsrechts und konkret im Wege der Ausgestaltung ihrer Arbeitsverträge ein besonderes Modell der christlichen Dienstgemeinschaft zu begründen, in der jedes Mitglied eine besondere Rolle hat und Teil der Erfüllung des Verkündungsauftrags ist, machen es der Kirche möglich, ihre Religionsfreiheit auszuüben. Die Möglichkeit, das Recht auf kirchliche Selbstverwaltung wahrzunehmen, indem den kirchlichen Mitarbeitern besondere Loyalitätspflichten auferlegt werden, stellt nicht die Regelungsbefugnis des Staats im Arbeitsrecht in Frage.

---

[13] EGMR, Urt. v. 26.10.2000, Nr. 30985/96 (Hassan und Tschaousch), Z. 62; Urt. v. 16.12.2004, Nr. 39032/97 (Supreme Holy Council of the Muslim), Z. 93; Urt. v. 5.4.2007, Nr. 18147/02 (Moskauer Scientology Kirche), Z. 58.

[14] Früh bereits EKMR, Entscheidung v. 8.3.1976, Nr. 7374/76 (X. vs. Dänemark); vgl. auch *Walter,* Religions- und Gewissensfreiheit, in: Grote/Marauhn (Hrsg.), EMRK/GG Konkordanzkommentar, 2006, S. 817, Rn. 92.

[15] EGMR, Urt. v. 26.9.1996, Nr. 18748/91 (Manoussakis), Z. 47; Urt. v. 26.10.2000, Nr. 30985/96 (Hassan und Tschaousch), Z. 78.

[16] Vgl. allgemein EGMR (Hassan und Tschaousch), a.a.O., Z. 86.

[17] *Grabenwarter,* in: Karl (Hrsg.), Internationaler Kommentar zur Europäischen Menschenrechtskonvention, 2007, Art. 9 Rn. 64 f.

In diesem Zusammenhang hat das BVerfG in seiner Grundsatzentscheidung vom 4. Juni 1985 angenommen, dass das Recht auf Selbstbestimmung der Kirchen auch die Möglichkeit, in kirchlichen Arbeitsverhältnissen besondere Loyalitätspflichten zu begründen, umfasse.[18] Gleichzeitig hat es auf die besondere Bedeutung des Schutzes der Arbeitnehmer gegen ungerechtfertigte Entlassung hingewiesen und eine Abwägung zwischen den beiden betroffenen Rechtspositionen im Einzelfall gefordert. Die gegen diese Entscheidung angerufene Europäische Kommission für Menschenrechte erklärte die Beschwerde im Jahr 1989 für unzulässig und stellte fest, dass es zu keinem Eingriff in die Rechte der Person gekommen sei.[19] Diese Entscheidung des BVerfG ist seither die Grundlage für das deutsche Arbeitsrecht und für die Rechtsprechung der Arbeitsgerichte mit Bezug zu Arbeitsverhältnissen mit Kirchen.

Sie hat aber auch die Ausgestaltung kirchlicher Arbeitsverhältnisse wesentlich beeinflusst. So hat die Katholische Kirche bekanntlich im Jahr 1993 die „Grundordnung des kirchlichen Dienstes im Rahmen kirchlicher Arbeitsverhältnisse" erlassen, in denen Grundprinzipien des Kirchlichen Dienstes für die Begründung, den Inhalt und die Beendigung von Arbeitsverhältnissen im kirchlichen Dienst niedergelegt sind.[20] Mit Blick auf die Entscheidung des BVerfG, das die Abwägung mit den Interessen des Arbeitnehmers einfordert, sind dort differenzierte Loyalitätspflichten niedergelegt, die einerseits auf die Funktion des Arbeitnehmers innerhalb der Kirche und andererseits auf die Schwere denkbarer Verfehlungen Bedacht nehmen. Im Rahmen dieser Selbstbindung wird das Prinzip der Verhältnismäßigkeit ebenso festgeschrieben wie die gerichtliche Überprüfbarkeit von Kündigungen. Damit wird schon nach innerkirchlichem Recht eine Abwägung zwischen den im Falle der Verletzung von Loyalitätspflichten widerstreitenden Interessen des Arbeitnehmers und der Kirche als Arbeitgeber vorgenommen.

IV. Die Rechte der Arbeitnehmer: Gewährleistungspflichten des Staats

Auf der Seite der Arbeitnehmer ist Art. 8 EMRK das einschlägige Grundrecht. Art. 8 EMRK schützt das Recht auf Privatleben. Aus diesem Recht lässt sich eine Gewährleistungspflicht (positive obligation) eines Mitgliedstaats ableiten, die Rechte eines Arbeitnehmers auf Achtung seines Privat- und Familienlebens gegen den Arbeitgeber zu schützen. Dabei ist neben den

[18] BVerfG 70, 138 (168 ff.).

[19] EKMR, Entscheidung v. 6.9.1989, Nr. 122427/86 (Rommelfanger).

[20] Quelle z.B. Kirchlicher Anzeiger für die Diözese Aachen, Amtsblatt des Bistums Aachen vom 15. November 1993, Nr. 173, S. 159.

Rechten des Arbeitnehmers auch die Rechtsposition des Arbeitgebers zu berücksichtigen. In Fällen, in denen eine Kirche Arbeitgeber ist, muss nicht nur der Grundsatz der Privatautonomie berücksichtigt werden, sondern auch das Recht auf Selbstbestimmung als Teil der Religionsfreiheit.[21]

In Erfüllung der Gewährleistungspflicht ist der Staat verpflichtet, die konventionsrechtlich garantierten Rechte des Arbeitnehmers gegen Missbrauch der beherrschenden Stellung einer Kirche als Arbeitgeber zu schützen. Abgesehen von diesem Fall des Missbrauchs einer überlegenen Position liegt die Erfüllung der Gewährleistungspflicht zum Schutz der Rechte der Arbeitnehmer aus Art. 8 EMRK jedoch insbesondere in der Eröffnung eines angemessenen staatlichen Rechtsschutzes, der dem Arbeitnehmer im Einzelfall die Möglichkeit gewährt, mit Hilfe eines staatlichen Verfahrens die Rechtmäßigkeit von Maßnahmen oder Verhaltensweisen des Arbeitgebers, die ihn belasten, überprüfen zu lassen.

V. Kritische Anfragen an die Abwägungsentscheidungen

In der Argumentation des EGMR im Fall *Schüth*, in dem eine Verletzung des Privat- und Familienlebens des kirchlichen Arbeitnehmers wegen der Bestätigung der Kündigung durch staatliche Gerichte angenommen wurde, findet sich manches kritische Versatzstück, das auch im *Obst*-Urteil hätte aufscheinen können, dort aber wohl nicht in die Begründung einer Nichtverletzung passt. Das macht die Verwendung der jeweiligen Argumente einerseits fragwürdig, andererseits relativiert es ihre Bedeutung. Einige Gesichtspunkte seien im Folgenden kritisch hinterfragt:

1. Persönliche Lebensführung vs. kirchliches Selbstbestimmungsrecht

Der Kern des Rechtsstreits vor dem Straßburger Gerichtshof liegt in der Frage, ob die Arbeitsgerichte das Persönlichkeitsrecht des Beschwerdeführers hinreichend gegen die Kündigung durch die katholische Kirche geschützt haben. Insofern ist eine Abwägung der betroffenen Grundrechtspositionen erforderlich, des Schutzes der freien Entfaltung der Persönlichkeit des Beschwerdeführers auf der einen Seite und des Schutzes des kirchlichen Selbstbestimmungsrechts auf der anderen Seite. Ausdrücklich hebt der EGMR die grundrechtliche Position des Arbeitnehmers hervor, und er mahnt der Sache nach die Herstellung praktischer Konkordanz ein.

Das ist im Ansatz nach dem Vorgesagten sicherlich zutreffend. Diskussionsbedürftig aber ist die Auffassung des EGMR, dass das Grundrecht auf

---

[21] Siehe dazu oben III.

Privat- und Familienleben im Fall des Organisten in einer katholischen Pfarrei in seinem „Kerngehalt“ betroffen sei, wenn die Zustimmung eines Arbeitnehmers zu einem Arbeitsvertrag als „unmissverständliche persönliche Verpflichtung zu verstehen ist, im Falle der Trennung oder Scheidung enthaltsam zu leben.“[22] Diese Aussage rührt an die Anforderungen, die die katholische Kirche in Bezug auf die Lebensführung ihrer Mitarbeiter stellt. Die Aussage ist zwar im konkreten Zusammenhang mit dem Beschwerdeführer zu sehen, könnte aber für andere Fälle als Anknüpfungspunkt dienen, um in genereller Weise Anforderungen an die Lebensführung wegen ihrer Bedeutung für das Privat- und Familienleben der Arbeitnehmer als unangemessen anzusehen.

Folgte man der Tendenz des EGMR in diesem Punkt, könnte man die Auffassung vertreten, dass der EGMR eher Anforderungen an die Loyalität in Bezug auf die Lehre für konventionskonform erachten könnte als jene an die Lebensführung. Indessen zeigt der Vergleich mit dem Fall *Obst*, dass mit dem Hinweis auf den „Kerngehalt“ des Privatlebens keine neue Kategorie eröffnet wird und dass auch nicht eine „Aufladung“ bestimmter Grundrechtsinhalte stattfindet, die eher geeignet sind, in der Abwägung mit entgegenstehenden (ebenfalls grundrechtlich geschützten) Interessen diese aus dem Feld zu schlagen. Kündigungen wegen der Lebensführung bleiben weiterhin zulässig; bei der Beurteilung der Zulässigkeit wird man aber stärker noch als bisher auf Umstände des Einzelfalls abzustellen haben. Hier wird auch zu beachten sein, wie der EGMR an einer Stelle darauf verweist, dass aufgrund der Eintragungen auf der Lohnsteuerkarte der Arbeitnehmer dem Arbeitgeber seinen persönlichen Status nicht verschweigen kann.[23] Die Relevanz dieses Hinweises wird man je nach konkreter Sachverhaltskonstellation unterschiedlich zu gewichten haben.

Das Urteil im Fall *Schüth* darf daher nicht dahingehend missverstanden werden, dass nach Auffassung des EGMR jegliche Anforderungen, die ein Arbeitgeber – hier ein kirchlicher Arbeitgeber – an die persönliche Lebensführung seiner Mitarbeiter stellt, von vornherein im Hinblick auf Art. 8 EMRK mit der Konvention unvereinbar sind. Es geht auch und gerade hier um den Einzelfall: Die Kündigung eines bestimmten Arbeitnehmers wegen Verletzung einer sein Privatleben betreffenden Obliegenheit aus einem Dienstverhältnis mit der Kirche ist nur nach Abwägung im Einzelfall und nach entsprechend sorgfältig begründeter arbeitsgerichtlicher Kontrolle EMRK-konform.

---

[22] EGMR, Urt. v. 23.9.2010, Nr. 1620/03 (Schüth), Z. 71.

[23] EGMR, Urt. v. 23.9.2010, Nr. 1620/03 (Schüth), Z. 67.

2. Nähe zum Verkündigungsauftrag: Grundrechtlich abgesicherte Einschätzungsprärogative der Kirchen

Die Abwägungsentscheidung des EGMR muss sich aber eine weitere Rückfrage gefallen lassen. Der Gerichtshof wirft dem LAG im Fall *Schüth* vor, es habe die Frage der Nähe der vom Beschwerdeführer ausgeübten Tätigkeit zum Verkündigungsauftrag der Kirche nicht geprüft, sondern den Standpunkt des kirchlichen Arbeitgebers in dieser Frage übernommen. Jenseits von Konstellationen, in denen grob fehlerhaft oder rechtsmissbräuchlich eine besondere Nähe zum Verkündigungsauftrag angenommen wird, ist es angesichts des Selbstbestimmungsrechts der Kirche aber Sache der Religionsgemeinschaft festzulegen, welche ihrer Dienstnehmer in welcher Nähe zum Kern ihrer Mission stehen. Die Frage des „Quis iudicabit?" hat das BVerfG in diesem Punkt gerade zugunsten der staatlichen Gerichte entschieden und sie überzeugend als Teil des kirchlichen Selbstbestimmungsrechts verstanden. Die Begründung des Straßburger Gerichtshofs sollte auch hier eher als missverständlich denn als grundsätzlich von der Rechtsprechung des BVerfG abweichend aufgefasst werden. Das hängt mit einem weiteren, sogleich angesprochenen Aspekt zusammen. Im Kontext der Entscheidung geht es dem EGMR darum, Mängel in der Abwägungsentscheidung der innerstaatlichen Arbeitsgerichte zu sammeln. Zu dieser Mängelliste wird auch die nicht weiter nachgeprüfte Übernahme der Wertung des kirchlichen Arbeitgebers bezüglich der Nähe der Tätigkeit des Beschwerdeführers zum Verkündigungsauftrag hinzugefügt. Für diese Interpretation spricht auch, dass im anders entschiedenen Fall *Obst* ein Hinweis zu finden ist, dass das BAG keine uneingeschränkte Bindung der Arbeitsgerichte an die Vorgaben der Kirchen und Religionsgemeinschaften festgestellt hat.[24] Möglicherweise wäre durch einen entsprechenden Hinweis in den innerstaatlichen Urteilen im Fall *Schüth* der Mangel bereits behoben (zumindest aber eine wesentliche Angriffsfläche beseitigt) gewesen – ohne dass im Grundsätzlichen eine andere Abwägung stattgefunden hätte.

3. Arbeitsgerichtliches Begründungsniveau und Kontrolldichte des EGMR

Damit ist ein weiterer Punkt angesprochen, der noch etwas weiter vertieft werden muss. Im Fall *Schüth* verfolgt der EGMR im Rahmen seiner Begründung die Argumentation der Arbeitsgerichte durch drei Instanzen und

---

[24] EGMR, Urt. v. 23.9.2010, Nr. 425/03 (Obst), Z. 49.

anschließender Rückverweisung an das LAG[25] und stellt fest, welche Aspekte des Falls sie in welcher Weise gewertet haben. Dabei stellt er gewissermaßen – wie schon oben erwähnt – eine Mängelliste auf: Die Gerichte hätten zu knapp argumentiert.[26] Die Gerichte hätten das Recht des Beschwerdeführers auf Privat- und Familienleben und den Schutz der Rechtsordnung, den dieses genießt, nicht erwähnt. Folglich fehle es an einer Abwägung der Interessen der Kirche und dem Recht auf Privat- und Familienleben des Beschwerdeführers.[27] An zwei Stellen problematisiert der EGMR, dass die Arbeitsgerichte die Wertung der Kirche bezüglich der Schwere der Verfehlung des Beschwerdeführers und bezüglich der Nähe seiner Tätigkeit zum Verkündigungsauftrag übernommen und nicht selbst überprüft hätten.[28] Der EGMR rügt schließlich, dass die notwendige Abwägung zwischen dem individuellen Recht des beschwerdeführenden Organisten und dem kollektiven Recht der Kirche nicht getroffen worden sei.[29]

Erhellt wird diese Kritik durch einen Vergleich mit der Begründung im Fall *Obst*. Hier legt der EGMR – wesentlich knapper – dar, was die innerstaatlichen Arbeitsgerichte dieses Mal richtig gemacht haben.[30] Damit rückt der EGMR in die Nähe einer (Super-)Revisionsinstanz – eine Rolle, die das BVerfG für sich stets ablehnt – und entscheidet quasi als Arbeitsgericht. Das kann und soll nicht die Aufgabe eines Gerichts auf der völkerrechtlichen Ebene sein, das eine menschenrechtliche Letztkontrolle ausübt. Der vom EGMR immer wieder und auch im konkreten Fall beschworene „Beurteilungsspielraum der Mitgliedstaaten" – zumal in Fällen mangelnden Konsenses in Europa – erinnert eher an ein Lippenbekenntnis, denn an ein Rechtsprechungsprogramm. Problematisch an einer solchen Vorgangsweise des EGMR ist, dass er erstens seine eigene Überlastung mitverursacht, wenn er in Fällen, die in einem rechtsstaatlichen Verfahren durch mehrere Instanzen entschieden wurden, meint, eine weitere Überprüfung vornehmen zu müssen. Zweitens nimmt er den von ihm selbst in ständiger Rechtsprechung (und auch im Fall *Schüth*)[31] aufgestellten Grundsatz, nicht die innerstaatliche Rechtsprechung zu ersetzen, nicht ernst. Diese Vorgehensweise führt drittens auf Dauer zu einer schlechteren Akzeptanz der Rechtsprechung aus Straßburg überhaupt.

---

25 EGMR, Urt. v. 23.9.2010, Nr. 1620/03 (Schüth), Z. 61–64.

26 *Schüth* (a.a.O.), Z. 66.

27 *Schüth* (a.a.O.), Z. 67.

28 *Schüth* (a.a.O.), Z. 68 f.

29 *Schüth* (a.a.O.), Z. 69.

30 Vgl. EGMR, Urt. v. 23.9.2010, Nr. 425/03 (Obst), Z. 49: „Sie [die Arbeitsgerichte] haben alle sachdienlichen Aspekte berücksichtigt und die betroffenen Interessen eingehend und umfassend abgewogen."

31 *Schüth* (a.a.O.), Z. 65.

4. Relevanz der Beschäftigungsmöglichkeiten des gekündigten Arbeitnehmers

Nicht ohne weiteres verallgemeinerungsfähig ist der Hinweis auf die Beschäftigungsperspektive des gekündigten Arbeitnehmers.[32] Denn: je verkündigungsnäher jemand arbeitet, umso eher wird die Kirche auch nach *Schüth* und *Obst* Anforderungen an die Loyalität und persönliche Lebensführung stellen können; und je entfernter jemand vom Verkündigungsauftrag arbeitet, umso weniger ist er regelmäßig im Fall des Verlusts des kirchlichen Arbeitsplatzes auf einen kirchlichen Arbeitgeber angewiesen.

Abgesehen davon ist die Annahme des EGMR, ein Arbeitnehmer muss genau in derselben Verwendung weiterarbeiten können, keineswegs zwingend; und sie entspricht nicht den faktischen Gegebenheiten der modernen Arbeitswelt, weder bei privaten Unternehmen noch in öffentlichen Unternehmen, noch bei öffentlich-rechtlichen Körperschaften oder bei Non-Profit-Organisationen. Womit wir beim Beschwerdeführer *Schüth* wären: Sind seine Beschäftigungsmöglichkeiten tatsächlich so schlecht, wenn man Möglichkeiten der Tätigkeiten im Bereich des Musikunterrichts in Betracht zieht? Hat es bei einer solchen Sichtweise nicht der Beschwerdeführer *Obst* schwieriger, in seinem Metier das bisherige, gewiss nicht geringe Lohnniveau zu erhalten?

Mit diesen Fragen will ich es bewenden lassen, um anzudeuten, dass sich der EGMR auch mit diesem Argument auf sehr unsicheres Terrain begibt und seiner Begründung nicht unbedingt ein starkes Element hinzufügt.

5. Maßgeblichkeit des Rechts der Europäischen Union für die Abwägungsentscheidung?

Der EGMR hat in der Vergangenheit wiederholt auf das Recht der Europäischen Union Bezug genommen, um Anhaltspunkte für die Auslegung der Rechte der Konvention zu gewinnen, und zwar nicht nur auf das Primärrecht, sondern auch auf das Sekundärrecht.[33] Demgemäß ist es auch nicht überraschend, wenn der EGMR in beiden Urteilen auf die Richtlinie 2000/78/EG des Rates vom 27. November 2000 zur Festlegung eines allgemeinen Rahmens für die Verwirklichung der Gleichbehandlung in Beschäftigung und Beruf[34] Bezug nimmt.[35] Bemerkenswert an der Bezugnahme ist jedoch zweierlei:

---

[32] EGMR, Urt. v. 23.9.2010, Nr. 1620/03 (Schüth), Z. 73; EGMR, Urt. v. 23.9.2010, Nr. 425/03 (Obst), Z. 48.

[33] Statt vieler EGMR, Urt. v. 8.12.1999, Nr. 28541/95 (Pellegrin), Z. 37 (Art. 39 EGV, Mitt. der Komm); Urt. v. 10.2.2009, Nr. 14939/03 (Zolotukhin), Z. 79 (SDÜ).

Zum ersten ist die Bezugnahme im Fall *Obst* deutlich kürzer, ja kursorisch; sie beschränkt sich auf die Wiedergabe von Erwägungsgrund 24 und Artikel 4 der Richtlinie.[36] Im Fall *Schüth* wird dagegen auch § 9 AGG wiedergegeben, gefolgt von Hinweisen auf das mit Mahnschreiben der Kommission vom 29. Januar 2008 eingeleitete Vertragsverletzungsverfahren, das unter anderem auf das Kriterium der „beruflichen Anforderungen" in Art. 4 Abs. 2 der Richtlinie mit Bezug zu Kirchen und Religionsgemeinschaften als Arbeitgeber eingeht (Punkt 2. des Mahnschreibens). Dazu wird auch auf die an Deutschland gerichtete begründete Stellungnahme der Kommission vom 29. Oktober 2009 verweisen, einerseits mit der Bemerkung, dass „der Schutz gegen diskriminierende Kündigungen nicht in die deutschen Rechtsvorschriften zur Bekämpfung der Ungleichbehandlung aufgenommen sei", andererseits mit dem Hinweis, dass die begründete Stellungnahme und die Antwort der deutschen Regierung bislang nicht veröffentlicht worden seien.[37]

Zum zweiten fällt auf, dass der Gerichtshof in der Begründung der Abwägung im Fall *Obst* zur Bestätigung seines Ergebnisses der Nichtverletzung auf die Gleichbehandlungsrichtlinie Bezug nimmt und auf die dort enthaltene Ausnahme für Arbeitgeber, deren ethische Grundsätze auf Religion oder Weltanschauung beruhen, abstellt.[38] Im Fall *Schüth* findet sich hingegen die Feststellung, dass die Umsetzung der Richtlinie durch Deutschland „in Bezug auf einige Punkte Gegenstand einer Beanstandung der Europäischen Kommission aus vergleichbaren Gründen ist".[39] Eine Bezugnahme auf die oben genannte Ausnahme, die für die katholische Kirche als Arbeitgeber ebenso gelten müsste wie für die Mormonenkirche, fehlt.

Die Relevanz der Feststellung einer Beanstandung der Kommission bleibt im Dunkeln, sie könnte aber auch bei klarerer Ausdrucksweise des EGMR nicht groß sein. Abgesehen davon, dass das Unionsrecht deutlich präzisere und auch höhere Standards im Bereich von Diskriminierungsverboten enthält als die EMRK, sagt die Tatsache der Einleitung eines Vertragsverletzungsverfahrens nichts über seinen Ausgang und schon gar nichts über die Vereinbarkeit des deutschen Rechts mit dem Unionsrecht aus, vor allem mit Blick auf den Umstand, dass die ganz überwiegende Mehrzahl der Vertrags-

---

34 Zum Inhalt der Richtlinie statt vieler Nachweise *Grabenwarter,* in: Grabitz/Hilf/Nettesheim (Hrsg.), Das Recht der Europäischen Union, Loseblattausgabe 2011, Art. 19 AEUV Rn. 61 ff.

35 EGMR, Urt. v. 23.9.2010, Nr. 1620/03 (Schüth), Z. 40–42, 70; EGMR, Urt. v. 23.9.2010, Nr. 425/03 (Obst), Z. 27.

36 *Obst* (a.a.O.), Z. 27.

37 *Schüth* (a.a.O.), Z. 42.

38 *Obst* (a.a.O.), Z. 51.

39 *Schüth* (a.a.O.), Z. 70.

verletzungsverfahren nicht mit einem Verfahren vor dem EuGH endet, in dem ein Verstoß gegen Unionsrecht festgestellt wird.

Sodann ist problematisch, dass sich der Gerichtshof auf ein vertrauliches Dokument stützt, von dem nur bekannt ist, dass nach Ansicht der Kommission der in der Richtlinie geforderte Schutz gegen diskriminierende Kündigungen durch das AGG nicht gewährleistet sei, für eine weitere Verfolgung des Punkts 2. des Mahnschreibens gibt es in den öffentlich verfügbaren Informationen über die Stellungnahme der Kommission jedoch keinen Hinweis.[40] Heute wissen wir, dass der Punkt „Kirchliches Arbeitsrecht" schon 2009 fallengelassen worden war und das Vertragsverletzungsverfahren insgesamt eingestellt wurde.

Angesichts dieser Umstände dürfte die Bedeutung des Hinweises auf das Unionsrecht eher der Selbstbestätigung des Gerichtshofs dienen, dass man mit dem Ergebnis im Fall *Schüth* – politisch, nicht rechtlich – so falsch nicht liegt. Die Feststellung ist nicht in den Duktus der Begründung eingebunden; sie steht wie ein erratischer Block zwischen konkret fallbezogenen Ausführungen zur Nähe zum Verkündigungsauftrag und den Loyalitätspflichten des Beschwerdeführers, begleitet von einem allgemeinen Zitat aus dem Urteil des BVerfG im 70. Band.

VI. Folgerungen für die deutsche Rechtslage

Lassen Sie mich mit einigen Überlegungen zu den Folgen für die deutsche Rechtslage schließen. Aus beiden Urteilen ist abzuleiten, dass die deutsche Rechtslage den aus Art. 8 EMRK resultierenden Schutzpflichten im kirchlichen Arbeitsrecht im Allgemeinen hinreichend Rechnung trägt. Konkret zur gebotenen Abwägung zwischen den betroffenen Grundrechtspositionen, nämlich dem Schutz der freien Entfaltung der Persönlichkeit des Beschwerdeführers auf der einen Seite und dem Schutz des kirchlichen Selbstbestimmungsrechts auf der anderen Seite, bestätigt der EGMR, dass mit der Einrichtung einer Arbeitsgerichtsbarkeit und der Möglichkeit der Überprüfung durch das BVerfG ein System geschaffen wurde, mit dem grundsätzlich die positiven Verpflichtungen zum gerichtlichen Schutz vor möglichen Verletzungen von Art. 8 EMRK durch Kündigungen erfüllt werden[41]. Der EGMR nimmt insbesondere keinen Anstoß an der Grundsatzentscheidung des BVerfG aus dem Jahr 1985. Sie wird an einer zentralen

---

[40] Vgl. auch die Antwort der Bundesregierung auf eine einschlägige Kleine Anfrage im Bundestag, BT-Drs. 17/421.

[41] EGMR, Urt. v. 23.9.2010, Nr. 1620/03 (Schüth), Z. 59; EGMR, Urt. v. 23.9.2010, Nr. 425/03 (Obst), Z. 45.

Stelle der Begründungen hervorgehoben und in Gegensatz zu der teilweise verworfenen Rechtsprechung der Arbeitsgerichte gesetzt.[42]

Zu erwähnen ist in diesem Zusammenhang auch, dass der EGMR gerade in den beiden vorliegenden Fällen betont, über Einzelfälle zu entscheiden. So bezieht er sich in der Entscheidung *Schüth* im Detail auf die Begründungen der in diesem Fall befassten staatlichen Arbeitsgerichte.[43] Auch das Heranziehen von Einzelheiten der privaten Lebensführung und der beruflichen Situation des Beschwerdeführers zeigen die klare Beschränkung von Aussagen der Begründung auf den Einzelfall. Dieser Eindruck wird dadurch verstärkt, dass der Gerichtshof in der Begründung des Falls *Schüth* mehrfach kontrastierend auf jene im Fall *Obst* verweist.[44] Die grundsätzlichen Aussagen zum deutschen Rechtsschutzsystem unter Bezugnahme auf die Entscheidung des BVerfG, die an mehreren Stellen betonte Einzelfallbezogenheit der Entscheidungen und schließlich die schlichte Tatsache, dass zwei nicht völlig unterschiedlich gelagerte Fälle vom Gerichtshof am selben Tag genau gegensätzlich entschieden wurden, sprechen dafür, dass der EGMR nicht das System des kirchlichen Arbeitsrechts grundsätzlich im Hinblick auf die Gewährleistungen der Konvention als problematisch erachtet und in Frage stellen will. Vielmehr beschränkt er sich im Fall *Schüth*, in dem eine Verletzung festgestellt wurde, auf die Darlegung der nicht hinreichenden Berücksichtigung der Konvention im Einzelfall.

Die beiden Urteile zur Kündigung kirchlicher Arbeitnehmer zeigen gerade dann, wenn man sie einer vergleichenden Analyse unterzieht, dass sich der EGMR auch in einem Bereich, der bereits nach dem innerstaatlichen Recht und seiner Anwendung durch die innerstaatlichen Gerichte stark von der Abwägung der betroffenen Interessen und Rechtspositionen geprägt ist, mit einer eigenen Abwägung nicht zurückhält. Diese hohe Kontrolldichte, die den Beurteilungsspielraum des betroffenen Konventionsstaats geradezu verschwinden lässt, wird auch dann wahrgenommen, wenn – wie in den Fällen *Obst* und *Schüth* – bereits differenzierter Rechtsschutz durch mehrere Instanzen durch gewährt wurde. Dass bei einem solchen Vorgehen Wertungsunterschiede zwischen den innerstaatlichen Gerichten und dem EGMR auftreten können, überrascht nicht, vor allem dann nicht, wenn man den sehr verschiedenartigen Horizont der Straßburger Richter berücksichtigt.

Gleichzeitig wird aber auch deutlich, dass der EGMR weder die gesetzlichen Regelungen noch die zentrale Entscheidung des BVerfG zum kirch-

---

[42] EGMR, Urt. v. 23.9.2010, Nr. 1620/03 (Schüth), Z. 60; EGMR, Urt. v. 23.9.2010, Nr. 425/03 (Obst), Z. 46.

[43] *Schüth* (a.a.O.), Z. 66.

[44] *Schüth* (a.a.O.), Z. 66, 71, 73.

lichen Arbeitsrecht aus dem Jahr 1985 antasten wollte. Zusammen mit der betonten Einzelfallgerechtigkeit der beiden Urteile spricht das dafür, dass der EGMR das System des deutschen kirchlichen Arbeitsrechts und der Rechtsprechung im Allgemeinen nicht generell in Frage stellen wollte, wenngleich die Anforderungen an die Begründung von arbeitsgerichtlichen Entscheidungen angehoben wurden. Die Frage, welche Funktion eine völkerrechtliche Zusatzkontrolle in einer solchen Konstellation – unabhängig vom Ausgang des einzelnen Falls – erfüllen soll, bleibt freilich offen.

Die Folgen des Mormonen- und des Kirchenmusikerfalls für das kirchliche Arbeitsrecht in Deutschland*

Von Jacob Joussen

Zwei Entscheidungen des EGMR in Straßburg haben für das kirchliche Arbeitsrecht in Deutschland möglicherweise weitreichende Folgen. Diese wurden auf einer Fachtagung an der Ruhr-Universität kontrovers diskutiert. Im Ergebnis wird es erforderlich sein, bei Verstößen gegen die besonderen kirchlichen Loyalitätsanforderungen sorgfältiger zu argumentieren, wenn man über die Rechtmäßigkeit einer daraus resultierenden Kündigung nachdenkt.

I. Einleitung

Die Entscheidungen des Straßburger Gerichtshofs für Menschenrechte in den Rechtssachen *Obst*[1] und *Schüth*[2] werden in Deutschland derzeit vielfach diskutiert. Sie werden im kirchlichen Arbeitsrecht besondere Auswirkungen haben. Eine Diskussion dieser Entscheidungen ist vor allem deshalb opportun, weil beide Fälle aus einem Herzstück des kirchlichen Arbeitsrechts stammen, dem Loyalitätsrecht. Wichtig ist die Analyse zudem, weil schon ein erster Blick auf die vielen Reaktionen nach der Veröffentlichung der Entscheidungen zeigt, welch unterschiedliche Einschätzungen sie hervorrufen. Die Bandbreite ist beeindruckend: Vom „Ende des kirchlichen Arbeitsrechts“ bis zu „Nichts Neues im kirchlichen Arbeitsrecht“ reichen die Kommentare. Dies gilt es zu überprüfen.

---

* Der Beitrag beruht auf dem Manuskript eines Vortrags des Verfassers, den dieser auf der offenen Fachtagung der Juristischen Fakultät der Ruhr-Universität Bochum: „Straßburg und das kirchliche Arbeitsrecht“ am 31.1.2011 gehalten hat, ergänzt wurden nur wenige Fußnoten; zur Tagung siehe den Tagungsbericht von *Husemann/Bullmann,* KuR 01/2011; der Beitrag erschien bereits in RdA 2/2011.

1 EGMR, Urt. v. 23.9.2010 – 425/03 (Obst), EuGRZ 2010, 571 ff.

2 EGMR, Urt. v. 23.9.2010 – 1620/03 (Schüth), EuGRZ 2010, 560 ff.

II. Die Entscheidungen *Obst* und *Schüth*

Im Fall *Schüth* ging es um die Kündigung eines Kirchenmusikers durch eine katholische Kirchengemeinde. Der Kläger war nach langjähriger Tätigkeit wegen des Bestehens einer außerehelichen Beziehung und des damit verbundenen Verstoßes gegen die katholische Glaubens- und Sittenlehre entlassen worden. Nachdem der Kläger zunächst siegreich gewesen war, hatte das LAG Düsseldorf die Kündigung nach erfolgreicher Revision der Kirchengemeinde vor dem BAG bestätigt. Daraufhin erhob der Kläger erfolgreich Beschwerde vor dem EGMR mit dem Hinweis, durch die Arbeitsgerichtsbarkeit in seinen Rechten aus Art. 8 EMRK verletzt zu sein. Bei seiner Entscheidung stellte der EGMR maßgeblich darauf ab, dass die – auch nach der bisherigen innerdeutschen Rechtsprechung erforderliche – Abwägung zwischen den Rechtspositionen des Arbeitnehmers und dem kirchlichen Selbstbestimmungsrecht nicht in ausreichendem Maße stattgefunden habe, insbesondere auf das *de-facto Familienleben* des Beschwerdeführers sei nicht eingegangen worden. Im Übrigen sei im Rahmen dieser Abwägung u. a. auch nicht hinreichend auf die Frage der Nähe zum Verkündigungsauftrag eingegangen, sondern lediglich der Standpunkt des kirchlichen Arbeitgebers übernommen worden. Demzufolge gelangte der EGMR zu dem Ergebnis, dass vor allem aufgrund der nicht erkennbar durchgeführten Abwägung der betroffenen Interessen durch die Gerichte eine Verletzung von Art. 8 EMRK vorliege.

Im Fall *Obst* war dem langjährigen Gebietsdirektor für Öffentlichkeitsarbeit Europa der Mormonenkirche gekündigt worden, weil er eine außereheliche Beziehung unterhielt. Das LAG Hessen hatte die Kündigung nach erfolgreicher Revision der Mormonenkirche vor dem BAG bestätigt. Der Kläger erhob Beschwerde vor dem EGMR mit der Behauptung, durch die Entscheidungen der Arbeitsgerichte in seinen Rechten aus Art. 8 EMRK verletzt zu sein. Anders als im Fall *Schüth* konnte der EGMR jedoch keine Verletzung von Art. 8 EMRK feststellen. Hier seien alle sachdienlichen Aspekte berücksichtigt und die betroffenen Interessen eingehend und umfassend abgewogen worden. Insbesondere sei das Führen einer außerehelichen Beziehung mit den gesteigerten Loyalitätsobliegenheiten unvereinbar, die den Kläger aufgrund seiner Funktion träfen und hätten bewusst sein müssen. In diesem Fall könne nicht festgestellt werden, dass Art. 8 EMRK dem deutschen Staat auferlege, dem Beschwerdeführer einen höheren Schutz zu bieten. Im Ergebnis sei daher vertretbar, dass man den Interessen der Mormonenkirche mehr Gewicht als denen des Klägers beigemessen habe. Ein Abwägungsdefizit durch die Gerichte wie im Fall *Schüth* sah der EGMR nicht.

III. Der Hintergrund der Entscheidung: Die Loyalität im kirchlichen Arbeitsverhältnis

Man wird die Straßburger Entscheidungen nur dann richtig einordnen können, wenn der maßgebliche Hintergrund ausreichend in den Blick genommen wird. In beiden Fällen, die materiell Art. 8 EMRK betrafen, dem zufolge jedermann Anspruch auf Achtung seines Privat- und Familienlebens, seiner Wohnung und seines Briefverkehrs hat, ging es im Kern darum, welche Loyalitätsanforderungen der kirchliche Arbeitgeber an seine Mitarbeitenden stellen darf.

In Erinnerung zu rufen ist vorab, dass aufgrund des allgemeinen Persönlichkeitsrechts aus Art. 1 I, 2 I GG im säkularen Arbeitsverhältnis gilt, dass die private Lebensführung des Arbeitnehmers vom Arbeitsvertrag und den aus dem Vertrag resultierenden Pflichten grundsätzlich nicht tangiert wird. Dies bedeutet insbesondere, dass der Arbeitnehmer durch den Vertrag nicht verpflichtet ist und nicht verpflichtet werden kann, „ein ordentliches Leben zu führen und sich dabei seine Arbeitsfähigkeit und Leistungskraft zu erhalten."[3] Dem Arbeitsvertrag kann also eine derartige Pflicht regelmäßig nicht entnommen werden, so dass der Arbeitgeber insbesondere nicht Sittenwächter über die von ihm beschäftigten Arbeitnehmer ist, denn die Gestaltung der privaten Lebenssphäre obliegt allein dem Arbeitnehmer. Über diese muss er konsequenterweise dem Arbeitgeber auch keine Auskunft erteilen.[4] Das Privatleben des Arbeitnehmers ist grundsätzlich ein verfassungsrechtlich geschützter Raum, der von der arbeitsvertraglichen Sphäre zu trennen ist.[5]

Schon im säkularen Arbeitsverhältnis findet dieser Grundsatz jedoch dort eine Grenze, wo das außerdienstliche Verhalten geeignet ist, das Unternehmen des Arbeitgebers zu schädigen; auch eine Rufschädigung muss der Arbeitgeber in diesem Fall nicht hinnehmen, wenn auch das Grundrecht des Arbeitnehmers aus Art. 5 GG hier im Zweifelsfalle in eine Abwägung mit einzubeziehen ist.[6] Noch sehr viel mehr besteht eine derartige Nebenpflicht, die äußere Glaubwürdigkeit des Arbeitgebers nicht durch eine bestimmte private Lebensführung infrage zu stellen, in besonderen Arbeitsbereichen. Eine solche Loyalitätspflicht existiert zum einen besonders in Tendenzbetrieben, zum anderen ist von einer Ausnahme von der strikten Trennung zwischen dienstlichem Bereich und außerdienstlicher Lebensführung gerade

---

[3] BAG, Urt. v. 23.6.1994 – 2 AZR 617/93, AP Nr. 9 zu § 242 BGB Kündigung.

[4] LAG Hamm, Urt. v. 14.1.1998 – 3 Sa 1087/97, LAGE Nr. 119 zu § 626 BGB.

[5] BeckOKArbR/*Joussen,* Stand 1.12.2012, § 611 BGB Rn. 390.

[6] Zu den Rufschädigungen durch Arbeitnehmer eingehend *Bronhofer,* AuA 2010, 161 ff.

auch bei kirchlichen Dienstgebern auszugehen. Aufgrund ihres verfassungsrechtlich garantierten Freiraums aus Art. 140 GG, 137 WRV haben die Kirchen dadurch die Möglichkeit zu bestimmen, in welchem Maße sie von ihren Arbeitnehmern eine Beachtung der kirchlichen Glaubens- und Sittenlehre verlangen.[7] Daran hat sich auch infolge der Geltung des AGG im Kern nichts geändert.[8] Daher haben nach deutschem Verfassungsverständnis, wie es das Bundesverfassungsgericht sieht, die Kirchen und nicht die Arbeitsgerichte die Befugnis, selbst verbindlich festzulegen, was „die Glaubwürdigkeit der Kirche und ihrer Verkündigung erfordert". Nicht die Arbeitsgerichte, sondern die Kirchen entscheiden über das „Ob und Wie", über die Inhalte und die Abstufungen der Loyalitätsbindungen der kirchlichen Mitarbeitenden.[9]

Katholische Grundordnung[10] wie Evangelische Loyalitätsrichtlinie[11] haben diesen Freiraum genutzt und ein je nach Beschäftigungsinhalt abgestuftes Pflichtengefüge beschrieben. Inhaltlich richten sich die Loyalitätspflichten aber besonders auf die private Lebensführung. Sind Loyalitätsverletzungen festzustellen, ist nach Vorgesprächen als letzte Maßnahme, nach Abwägung der Umstände des Einzelfalles, eine außerordentliche Kündigung möglich, wenn der Mangel nicht auf andere Weise behoben werden kann.

IV. Die Situation vor den Entscheidungen des EGMR

Unabhängig davon, ob man auf die Dienstgemeinschaft zurückgreifen möchte oder sich ausschließlich auf das verfassungsrechtliche Selbstbestimmungsrecht beruft, das Grundlage für die Besonderheiten im Loyalitätsbereich sein kann: Es gilt, dass neben einem Vertragsverstoß im Leistungsbereich auch im Bereich der „betrieblichen Verbundenheit" der einzelnen Mitarbeiter eine konkrete Beeinträchtigung des Arbeitsverhältnisses entstehen kann.[12] Wer also in den Dienst einer kirchlichen Einrichtung tritt, leistet zugleich einen Beitrag zur Erfüllung des der Kirche gestellten Auftrags. Alle Beteiligten müssen deshalb anerkennen und ihrem Handeln zugrunde legen, dass „Zielsetzung und Tätigkeit, Organisationsstruktur und Leistung

---

[7] BVerfG, Urt. v. 4.6.1985 – 2 BvR 1703/83 u. a., AP Nr. 24 zu Art 140 GG.

[8] Näher *Joussen,* RdA 2003, 32 ff.; siehe auch *Triebel,* ZMV 2004, 107 ff.

[9] BVerfG, Urt. v. 4.6.1985 – 2 BvR 1703/83 u. a., AP Nr. 24 zu Art 140 GG.

[10] Grundordnung des kirchlichen Dienstes im Rahmen kirchlicher Arbeitsverhältnisse, verabschiedet von der Deutschen Bischofskonferenz am 22.9.1993.

[11] Richtlinie der EKD über die Anforderungen der privatrechtlichen beruflichen Mitarbeit in der EKD und des Diakonischen Werkes der EKD vom 1.7.2005, ABl. EKD 2005, 413.

[12] *Rüthers,* NJW 1986, 356 ff. (357).

der Einrichtung, für die sie tätig sind, sich an der Glaubens- und Sittenlehre und an der Rechtsordnung" der betroffenen Kirche auszurichten haben.[13]

Infolgedessen hat sich etwa eine umfangreiche Rechtsprechung zu der Frage entwickelt, wann ein kirchlicher Arbeitgeber einem Arbeitnehmer aufgrund eines außerdienstlichen Verhaltens wegen einer Verletzung der (außerdienstlichen) Verpflichtungen und Obliegenheiten kündigen kann. In diesem Zusammenhang hat die Rechtsprechung die Zulässigkeit der Kündigung eines Arbeitnehmers wegen dessen Kirchenaustritts[14] ebenso bejaht wie diejenige einer Kündigung wegen einer kirchenrechtlich verbotenen Heirat.[15] Darüber hinaus gibt es zahlreiche Entscheidungen, welche die Kündigung eines geschiedenen Mitarbeiters wegen seiner Wiederheirat oder wegen eines Eintretens gegen das Abtreibungsverbot der katholischen Kirche bestätigen.[16] Schließlich war das BAG der Ansicht, auch die im außerdienstlichen Bereich ausgeübte homosexuelle Praxis eines im Dienst des Diakonischen Werks einer evangelischen Landeskirche stehenden Arbeitnehmers stelle eine Vertragspflichtverletzung dar, die grundsätzlich geeignet ist, einen Kündigungsgrund abzugeben.[17]

Grundtenor all dieser Entscheidungen ist, dass kein kirchlicher Arbeitnehmer außerhalb der kirchenspezifischen Pflichtbindung steht, auch wenn er selbst keine geistlich-religiöse Verkündigungsaufgabe wahrnimmt, wobei, wie angesprochen, die Kirche das Maß der jeweiligen Loyalitätsanforderungen formuliert.[18] Wie wurde in diesen Fällen häufig argumentiert? Während insbesondere die Leitentscheidung des BVerfG aus dem Jahr 1985 eine sorgfältige Abwägung der betroffenen Interessen aufweist[19], findet sich in der Literatur nicht selten die Einschätzung, Rechtsprechung und Lehre hätten den kirchlichen Vorstellungen häufig „bereitwillig Rechnung getragen."[20] Das erweckte gelegentlich sogar den Eindruck, im kirchlichen Ar-

---

[13] So ausdrücklich Art. 1 S. 2 der schon genannten Grundordnung der katholischen Kirche. Für die evangelische Kirche gilt dies entsprechend, *Richardi,* ZfA 1984, 109 ff.; *Pahlke,* Kirche und Koalitionsrecht, 1983, 51 ff.

[14] BVerfG, Urt. v. 4.6.1985 – 2 BvR 1703/83 u.a., AP Nr. 24 zu Art 140 GG; ebenso *Müller-Volbehr,* Europa und das Arbeitsrecht der Kirchen, 1999, 29; *Jurina,* Dienst- und Arbeitsrecht im Bereich der Kirchen in der Bundesrepublik Deutschland, 1979, 121.

[15] BAG, Urt. v. 14.10.1980 – 1 AZR 1274/79, AP Nr. 7 zu Art. 140 GG.

[16] Siehe etwa BAG, Urt. v. 15.1.1986 – 7 AZR 545/85, KirchE 24, 7 ff.

[17] BAG, Urt. v. 30.6.1983 – 2 AZR 524/81, AP Nr. 15 zu Art. 140 GG mit Anm. *Richardi.*

[18] BVerfG, Urt. v. 4.6.1985 – 2 BvR 1703/83 u.a., AP Nr. 24 zu Art 140 GG; *Richardi,* RdA 1999, 112 ff. (115); zu den europarechtlichen Einflüssen zu dieser Problematik siehe *Joussen,* RdA 2003, 32 ff.

[19] BVerfG, Urt. v. 4.6.1985 – 2 BvR 1703/83 u.a., AP Nr. 24 zu Art 140 GG.

[20] *Thüsing,* Kirchliches Arbeitsrecht, 2006, 104.

beitsverhältnis könne die Kirche letztlich „alles verlangen" und unterschiedslos eine ihr genehme Lebensweise durchsetzen.

Zwar finden sich auch andere Beispiele in der Rechtsprechung. Doch im Ergebnis war die Beachtung des aus der Entscheidung des BVerfG aus 1985 folgenden Gebots der Interessenabwägung, die stattfinden muss, *nachdem* die Kirche das Maß der Loyalitätspflichten festgelegt hat, häufig kaum erkennbar. Beispielhaft lässt sich dies an einer noch sehr jungen Entscheidung des LAG Düsseldorf skizzieren, die eigentlich aus ganz anderen Gründen bemerkenswert ist, auf die hier allerdings nicht weiter eingegangen werden kann.[21] Es ging um die Kündigung eines Chefarztes in einem katholischen Krankenhaus, der eine nach dem Glaubensverständnis und der Rechtsordnung der Kirche ungültige Ehe abschließen wollte, nämlich nach erfolgter Scheidung eine zweite Ehe.[22]

Die Schlüsselpassage in der Begründung für den hier relevanten Bereich klingt noch zunächst sehr nach Abwägung: „Allerdings steht dem Kläger (...) das Recht auf freie Entfaltung seiner Persönlichkeit zu (...). Das allgemeine Persönlichkeitsrecht des Klägers, das grundgesetzlich verbürgt ist, *kollidiert*[23] danach mit dem ebenfalls Verfassungsrang genießenden Recht der Kirchen, in den Schranken der für alle geltenden Gesetze den kirchlichen Dienst nach ihrem Selbstverständnis selbst zu regeln und diese spezifischen Obliegenheiten kirchlicher Arbeitnehmer für das Arbeitsverhältnis verbindlich machen zu können."[24]

Doch im Anschluss kommt eine Abwägung kollidierender Interessen im Ergebnis nicht mehr vor, letztlich wird allein kirchliches Interesse betont:

> „Es bleibt danach grundsätzlich den verfassten Kirchen überlassen, verbindlich zu bestimmen, was ‚die Glaubwürdigkeit der Kirche und ihrer Verkündigung erfordert', was ‚spezifisch kirchliche Aufgaben' sind, (...) welches die ‚wesentlichen Grundsätze der Glaubens- und Sittenlehre' sind und was als – gegebenenfalls schwerer – Verstoß gegen diese anzusehen ist." Lediglich eine schon dem BVerfG 1985 entnehmbare Grenze ist erkennbar, die sich aber nicht aus kollidierenden Verfassungsgütern des Einzelnen ergibt: „Soweit diese kirchlichen Vorgaben den anerkannten Maßstäben der verfassten Kirchen Rechnung tragen (...), sind die Arbeitsgerichte an sie gebunden, es sei denn, die Gerichte begäben sich dadurch in Widerspruch zu Grundprinzipien der Rechtsordnung, wie sie im allgemeinen Willkürverbot oder etwa in dem Begriff der ‚guten Sitten' ihren Niederschlag gefunden haben."

---

21 Besonders fraglich ist an ihr die Anwendung des Gleichbehandlungsgrundsatzes auf Angehörige verschiedener Konfessionen.

22 LAG Düsseldorf, Urt. v. 1.7.2010 – 5 Sa 996/09, LAGE Nr. 4 zu § 611 BGB 2002.

23 Hervorhebung durch den Verfasser.

24 BVerfG, Urt. v. 4.6.1985 – 2 BvR 1703/83 u.a., AP Nr. 24 zu Art 140 GG; BAG, Urt. v. 16.9.2004 – 2 AZR 447/03, AP Nr. 44 zu § 611 BGB Kirchendienst.

Dieser – richtigen und für eine erste Stufe ja zutreffenden – Einschätzung des LAG folgt dann aber in der Urteilsbegründung keine Abwägung der betroffenen Interessen des Arbeitnehmers mehr.[25] Eine Gewichtung etwa der Außenwirkung seines Handelns und seiner betroffenen Grundrechte erfolgt nicht – obwohl genau dies nicht nur vom Bundesverfassungsgericht, sondern auch von § 626 BGB eindeutig verlangt wird.

V. Folgen aus den Entscheidungen des EGMR

Doch nun entschied der EGMR und erkannte eine Verletzung von Art. 8 EMRK durch die Bundesrepublik Deutschland, jeweils „vertreten" durch die urteilenden Arbeitsgerichte.

Die Begründung des Gerichtshofes im Fall *Schüth* läuft darauf hinaus, dass das LAG unzulässiger Weise allein festgestellt habe, dass die Tätigkeit des Klägers zwar nicht im unmittelbaren seelsorgerischen Bereich erfolgte, aber dennoch so eng mit der Mission der Kirche verbunden war, dass sie ihn nicht weiter beschäftigen konnte, ohne jegliche Glaubwürdigkeit zu verlieren. Das LAG habe dieses Argument nicht weiter ausgeführt, sondern habe wohl lediglich die Meinung des kirchlichen Arbeitgebers wiedergegeben. Auch hätten die Gerichte das *de-facto* Familienleben des Klägers oder dessen Schutz nicht einmal erwähnt. Der EGMR betont, die Interessen des kirchlichen Arbeitgebers seien nicht gegen das Recht auf Achtung des Privat- und Familienlebens abgewogen worden, sondern lediglich gegen das Interesse, den Arbeitsplatz zu behalten. „Eine gründlichere Prüfung wäre bei der Abwägung der konkurrierenden Rechte und Interessen angemessen gewesen."[26]

Entscheidend dürfte sein, dass der Gerichtshof zwar anerkennt, dass die Unterzeichnung des Arbeitsvertrags eine Loyalitätsverpflichtung implizierte, die das Recht des Arbeitnehmers auf Achtung des Privatlebens in gewissem Maße einschränkte. Die Unterzeichnung „konnte aber nicht als eindeutiges Versprechen verstanden werden, im Fall einer Trennung oder Scheidung ein enthaltsames Leben zu führen". Die deutschen Arbeitsgerichte hätten kaum berücksichtigt, dass es keine Medienberichterstattung über seinen Fall gegeben habe und dass er, nach 14 Jahren im Dienst der Gemeinde, die Position der Katholischen Kirche offenbar nicht angefochten hatte.[27]

Was folgt nun hieraus? Die Reaktionen sind – kaum überraschend – sehr unterschiedlich. Zum Teil wird schon die Beseitigung der Loyalitätsansprü-

---

25 Wohl anders als in der mündlichen Verhandlung.

26 So die Pressemitteilung des EGMR; vgl. die Rn. 67 der Entscheidung.

27 Rn. 71 der Entscheidung *Schüth*.

che gefeiert, zum Teil werden überhaupt keine Auswirkungen gesehen[28], oder man findet vermittelnd, dass das Verhältnis von Staat und Kirche in Deutschland sich durch das Urteil nicht grundsätzlich verändern werde. Der Staat sei stärker in die Pflicht genommen, derartige Kündigungsentscheidungen im Einzelfall zu prüfen. Die beiden großen Kirchen ihrerseits hätten durch die Entscheidung ihre bislang praktizierte arbeitsrechtliche Unabhängigkeit teilweise eingebüßt.

Dazu folgende drei Anmerkungen:

- Erstens: Die Gegner des kirchlichen Arbeitsrechts sollten nicht zu früh feiern. Es kann keine Rede davon sein, dass es zu einer Umwälzung oder gar Abschaffung der Besonderheiten gekommen wäre. Im Gegenteil. In der Rechtssache *Obst* stellte der EGMR fest, dass die Wahrung der Glaubwürdigkeit der Kirche in der Tat eine besondere Stellung haben darf und das Grundgesetz mit dem Selbstbestimmungsrecht der Kirchen nicht als solches gegen die EMRK verstößt.
- Zweitens: Der zentrale Gehalt der beiden Entscheidungen dürfte darin liegen, dass der Gerichtshof den deutschen Gerichten ein Abwägungsdefizit vorgeworfen hat. Dies wird in Rn. 67 des Urteils *Schüth* deutlich artikuliert. Es verstößt insofern gegen die EMRK, die Position des Arbeitnehmers, sein Recht aus Art. 8 der Konvention, nicht in die Abwägung bei der Ermittlung der Rechtmäßigkeit/Rechtswidrigkeit einzubeziehen. Es geht also allein darum, dass die Gerichte letztlich schematisch das Recht der Kirche betonen, Loyalitätspflichten zu verlangen, ohne ausreichend zu beachten, dass der Arbeitnehmer nicht von vornherein mit Abschluss eines Arbeitsvertrags seine Rechte preisgibt. Damit deutet der EGMR aber letztlich auf ein Grundprinzip deutschen Verfassungsrechts hin: nämlich auf das Erfordernis einer Abwägung bei kollidierenden Verfassungsgütern. Im Ergebnis verweist er damit auch auf die genauen Kündigungsvoraussetzungen, wie sie beispielsweise in § 626 BGB erkennbar sind.

  Besonders deutlich wird dies im Vergleich der beiden Entscheidungen: Der Gerichtshof weist darauf hin, dass die Tatsache, dass die deutschen Gerichte den Interessen der Mormonenkirche nach sorgfältiger Abwägung ein größeres Gewicht eingeräumt hatten als denen Herrn *Obsts*, nicht an sich in Konflikt mit der Konvention stand. Er fand die Schlussfolgerung der deutschen Gerichte nachvollziehbar, dass die Mormonenkirche ihrem Pressereferenten keine unannehmbaren Verpflichtungen auferlegt hatte. Da er als Mormone aufgewachsen war, war er sich darüber

[28] *Andelewski* unmittelbar nach der Bekanntgabe der Entscheidungen auf www.evangelisch.de.

im Klaren gewesen oder hätte es sein sollen, welche Bedeutung die eheliche Treue für seinen Arbeitgeber hatte und dass sein außereheliches Verhältnis mit den erhöhten Loyalitätspflichten als Direktor für Öffentlichkeitsarbeit für Europa unvereinbar war. Anders war es in der Rechtssache *Schüth*: Hier hatte sich das Landesarbeitsgericht darauf beschränkt festzustellen, dass er als Organist und Chorleiter zwar nicht in die Gruppe derjenigen Mitarbeiter fiel, deren Kündigung im Falle schweren Fehlverhaltens zwangsläufig war, etwa derjenigen in seelsorgerischen und klerikalen Berufen sowie in leitenden Positionen, aber dass seine Tätigkeit dennoch so eng mit der Mission der Katholischen Kirche verbunden war, dass sie ihn nicht weiter beschäftigen konnte, ohne jegliche Glaubwürdigkeit zu verlieren. Es fehlen indes jegliche Hinweise auf die über den Arbeitsplatz hinausgehenden Interessen *Schüths*. Sein *de-facto* Familienleben oder dessen Schutz wurden nicht einmal erwähnt. Die Interessen des kirchlichen Arbeitgebers waren folglich nicht gegen das Recht des Arbeitnehmers auf Achtung seines Privat- und Familienlebens abgewogen worden, sondern lediglich gegen sein Interesse, seinen Arbeitsplatz zu behalten. Eine gründlichere Prüfung wäre bei der Abwägung der konkurrierenden Rechte und Interessen angemessen gewesen.

- Drittens: Doch hier liegt auch der Schlüssel zur Bewertung der Entscheidungen im Hinblick auf die Zukunft des kirchlichen Arbeitsrechts an dieser Stelle. Denn wenn man genau hinschaut und ehrlich mit der Rechtsordnung umgeht, galt schon bislang, dass die Rechte des Arbeitnehmers in eine Abwägung einzubeziehen sind. § 626 BGB ist 110 Jahre alt. Allein etwa die Wiederverheiratung war, bei richtigem Verständnis, noch nie ausreichend für eine Kündigung. *Richardi* hat zutreffend formuliert: „Nicht jede Wiederverheiratung stellt stets einen kündigungsrelevanten Verstoß gegen die Loyalitätsobliegenheit ohne Rücksicht auf den vertraglich übernommenen Arbeitsbereich dar."[29] Diese Aussage spiegelt die Entwicklung in Deutschland wider. Das BAG hatte ursprünglich vertreten, es müsse eine abgestufte Loyalitätspflicht geben, und im Zweifel könne das Gericht hier entscheiden, welche Anforderungen bei welchem Arbeitnehmer zu stellen seien. Das BVerfG hat dies am 4.6.1985 gerade gerückt: Es fällt unter das Selbstbestimmungsrecht, ob und wie innerhalb der im kirchlichen Dienst tätigen Mitarbeiter eine Abstufung der Loyalitätsanforderungen eingreifen solle. Die Maßstäbe setze die Kirche. Das hat die katholische Kirche mit der Grundordnung und ihren Art. 4 und 5 getan, die Loyalitätsrichtlinie der EKD in ihren §§ 4 und 5.
- Hier findet sich im Ergebnis zwar schon eine erste Abwägungsstufe. Diese befreit aber die Gerichte nicht davon, von vorneherein oder auf ei-

[29] *Richardi,* Arbeitsrecht in der Kirche, 5. Aufl. 2009, § 7 Rn. 64.

ner zweiten Abwägungsstufe alle anderen Aspekte außer Acht zu lassen. In der Leitentscheidung des BVerfG aus dem Jahr 1985 findet sich daher auch eine sehr detaillierte und ausgewogene Abwägung zu der Frage der Schwere des Loyalitätsverstoßes in genau dem einzelnen Fall.

Es geht also, und dies mahnen die Straßburger Richter nun deutlich an, darum, dass die Umstände des Einzelfalls stets zu berücksichtigen sind. Konkret gesprochen heißt dies: § 626 BGB mit seinem Abwägungsgebot – das ja der zweite Teil seines Tatbestands ist – gilt auch für die Kirchen. Und darin liegt das Altbekannte wie auch das Neue. Altbekannt ist, dass die Kirchen besondere Loyalitäten auch im Privatleben verlangen können und dass § 626 BGB gilt. Neu sind die Mahnung und Erinnerung daran, dass die Gerichte auch in kirchlichen Fällen Abwägungen vorzunehmen haben. Es genügt nicht, sich stereotyp auf Art. 140 GG, 137 WRV zurückzuziehen. Diese Klarstellung ist ein bedeutsamer Hinweis aus Straßburg, wenn auch letztlich fraglich ist, ob sich der EGMR damit nicht die ihm nicht zustehende Rolle einer Superrevisionsinstanz angemaßt hat. Doch soll das hier nicht weiter vertieft werden. Damit werden aber, und das ist jedenfalls psychologisch neu, Kirchen stärker zu einem „normalen" Arbeitgeber. Aber sie bleiben doch ein besonderer, weil und soweit sie mit einem verfassungsrechtlichen Selbstbestimmungsrecht ausgestattet sind, das ihnen etwa deutlich höhere Loyalitätsanforderungen an ihre Mitarbeiter ermöglicht als anderen Arbeitgebern, selbst solchen in Tendenzbereichen. War man bislang häufig davon ausgegangen, in derartigen Abwägungsprozessen hätten die Kirchen gemeinhin eine ganz singuläre Stellung, die letztlich dazu führt, dass der Abwägungsvorgang völlig vorhersehbar zugunsten der Kirchen ausfällt, wird man nun genauer und präziser argumentieren müssen. Dabei wird das Ergebnis häufig gleich bleiben, dies zeigt auch das Beispiel in der Rechtssache *Obst*. Aber der Weg dorthin wird „gewöhnlicher".

VI. Europäische Union

An dieser Stelle sei eine Nebenbemerkung gestattet. Die Entscheidungen des EGMR betrafen naturgemäß die EMRK. Was aber wird aus Luxemburg zu erwarten sein? Die Frage nach der von *Richardi* unverändert vertretenen Europarechtsfestigkeit des kirchlichen Arbeitsrechts soll vorliegend nicht weiter abstrakt vertieft werden. Konkret spannend wird es bei § 9 AGG. Die bekannten ersten Entscheidungen sind nicht sonderlich ergiebig. Aber die zutreffende Einschätzung von der ausreichenden Umsetzung der europäischen Vorgaben durch das deutsche Recht[30] wird nunmehr auch von der

[30] Vgl. nur *Joussen,* NZA 2008, 675 ff.; *ders.,* RdA 2003, 32 ff.

Europäischen Kommission geteilt, die das entsprechende Vertragsverletzungsverfahren fallengelassen hat.

Für das Arbeitsrecht, gerade auch das kirchliche, wird hier besonders bedeutsam werden, wie die kürzlich in Kraft getretene Grundrechtecharta wirken wird. Mit Inkrafttreten des Vertrags von Lissabon[31] ist die Charta (vgl. Art. 6 I EUV) verbindlich und steht mit den übrigen Verträgen auf einer Stufe[32], wobei sich hierdurch keine Erweiterung der Zuständigkeiten der EU ergeben soll (Art. 51 II EU-GRCharta). Damit ist zum ersten Mal eine verbindliche genuin gemeinschaftsrechtliche Grundlage sozialer Rechte geschaffen worden.[33] Enthalten sind in ihr Gleichbehandlungsgebote ebenso wie Diskriminierungsverbote, Verfahrensrechte oder Einrichtungsgarantien.

Und im Hinblick auf die Anwendung und Auswirkungen der Grundrechtecharta auf das kirchliche Arbeitsrecht ist noch alles offen: Im Ergebnis lässt sich derzeit nicht sicher prognostizieren, wie der EuGH im Streitfall Art. 7 EU-GRCharta zur Anwendung bringen und der Auslegung des § 626 BGB europäische Grenzen vorgeben wird. Wenn sich der Gerichtshof an die Idee der Vertragsväter hält, die mittlerweile auch in Art. 17 AEUV verankert ist, wird er staatskirchenrechtliche Grundstrukturen respektieren. Aber was heißt das schon?

VII. Auswirkungen in der Praxis

Was aber sind nun die konkreten praktischen Auswirkungen der Straßburger Entscheidungen?

1. Loyalitätspflichten

Auf einer ersten Ebene ergibt sich eine konfessionsorientierte These. Während für die evangelischen Kirchen die Konsequenzen sehr überschaubar bleiben werden, wird man katholischerseits sorgfältiger argumentieren müssen. Dies liegt an unterschiedlichen Loyalitätsanforderungen.

Dazu konkrete Beispiele:

– Lange Zeit besonders problematisch war die gelebte Homosexualität. Die katholische Lehrposition ist hier eindeutig. Doch, da im evangelischen Bereich mittlerweile zahlreiche Landeskirchen sogar dazu übergegangen

---

[31] Zu den sozialrechtlichen Auswirkungen der Zusatzprotokolle zum Vertrag von Lissabon vgl. *Pitschas,* NZS 2010, 177 ff. (180 ff.).

[32] *Kortstock* in *Nipperdey,* Lexikon Arbeitsrecht, Grundrechtecharta, Stand 1.8. 2010; *Krebber,* RdA 2009, 224 (234); *Pitschas,* NZS 2010, 177 ff. (179); *Schubert/ Jerchel,* EuZW 2010, 687 ff.

[33] *Krebber,* RdA 2009, 224 (230).

sind, eingetragene Lebenspartnerschaften zu segnen, ist hier kein Verstoß mehr gegen die evangelische Überzeugung zu sehen. Wozu führt nun das Straßburger Urteil? Die Gerichte werden nicht mehr einfach darauf verweisen können, was katholische Lehrmeinung ist. Der Dienstgeber wird insofern deutlich machen müssen, warum in einem konkreten Fall das Interesse der Kirche das Recht des Mitarbeiters überwiegt: Hier wird er weniger Mühe aufwenden müssen, wenn es um eine besondere Leitungsaufgabe geht, die Abwägung kann also unverändert zugunsten des kirchlichen Arbeitgebers ausfallen. Schwieriger wird dies aber etwa dort, wo es um den Pförtner geht. In einem solchen Fall ist nicht erkennbar, wieso beispielsweise durch die Eingehung einer Lebenspartnerschaft eines solchen Arbeitnehmers das verfassungsrechtliche Selbstbestimmungsrecht der Kirche von vornherein verletzt ist. Das Überwiegen der grundrechtlichen Position des Arbeitnehmers ist in diesen Fällen deutlich erkennbar. Das kann vielleicht in bestimmten Ausnahmefällen anders sein, bedarf dann aber einer sehr sorgfältigen Argumentation durch den Dienstgeber.[34]

– Auch die Wiederverheiratung stellt aus evangelischer Sicht, anders als in der katholischen Kirche, kein Problem dar. In der skizzierten Entscheidung des LAG Düsseldorf vom Juli 2010 hat das Gericht deutlich gemacht, dass es abgewogen hat. Das wird genügen. Aber es muss – und damit muss es auch der Dienstgeber – eine Sanktion mit einem größeren Aufwand begründen als mit dem bloßen Rückgriff auf das kirchliche Selbstbestimmungsrecht.

In beiden Fällen sind zwei weitere Aspekte besonders in Erinnerung zu rufen: Zum einen hat letztlich der EGMR – nicht ausdrücklich – ein in der deutschen Diskussion etwas verschüttetes Argument in Erinnerung gerufen: Gerade im Fall der Wiederheirat wird der in einer säkular gültigen Ehe Lebende Art. 6 GG für sich reklamieren können. Hier bedarf es der Herstellung einer praktischen Konkordanz, es muss also jedenfalls in diesen Fällen abgewogen werden. Dies wird, wenn auch nach deutschem Verständnis nicht auf Art. 6 GG gestützt, auch für eingetragene Lebenspartnerschaften gelten müssen.

Zum anderen gilt in allen diesen Fällen wie bisher: Die gebotene Abwägung zwischen den betroffenen grundrechtlichen Positionen (des Einzelnen auf der einen sowie des aus Art. 140 GG folgenden Schutzes auf der anderen Seite) kann dann nicht zugunsten der Kirche und des kirchlichen Ar-

---

34 A. A. *Richardi* (Fn. 29), § 7 Rn. 54, der in Übereinstimmung mit einer entsprechenden „authentischen Interpretation" der Grundordnung durch die Bischöfe davon ausgeht, die Eintragung einer Lebenspartnerschaft rechtfertige ausnahmslos eine Kündigung – dies ist nach den Entscheidungen des EGMR so nicht mehr haltbar.

beitgebers ausfallen, wenn diesem die „problematische Lage“ schon längere Zeit bekannt war und er untätig geblieben ist. Denn dann gilt der allgemeine Grundsatz des Verbots des widersprüchlichen Verhaltens. Die Abwägung wird dann stets zugunsten des Mitarbeiters ausfallen.

Denkbare Anwendungsfälle für beide Kirchen gleichermaßen sind schließlich etwa eine dezidierte Ablehnung kirchlicher essentialer Glaubenspositionen, das bewusst feindliche, gegen die Kirche erfolgende Auftreten in der Öffentlichkeit oder, in besonderer Weise, der Kirchenaustritt. Hier ändert sich aber an der Rechtslage durch Straßburg letztlich nichts.

2. Arbeitskampfrecht

Konfessionsübergreifend sind auch die Auswirkungen der beiden Entscheidungen auf das Arbeitskampfrecht wie auch, vorgelagert, auf die Frage nach der Zulässigkeit gewerkschaftlicher Betätigung im Betrieb. Im Hinblick auf die jüngste Entscheidung des LAG Hamm vom 13.1.2011[35] nur eine kurze Anmerkung zum Arbeitskampfrecht. Dieses hat, wie schon das Arbeitsgericht Hamburg kurz zuvor[36], einen Arbeitskampf in kirchlichen Einrichtungen für grundsätzlich möglich erachtet, zum einen, weil auch kirchenferne und auftragsferne Mitarbeiter in den Einrichtungen arbeiten, zum anderen, weil der Dritte Weg dem Tarifweg nicht gleichwertig sei. Das Gericht hat hier – soweit dies schon aus der Pressemitteilung erkennbar ist – eine Abwägung vorgenommen und folgt damit letztlich auch den Vorgaben des Straßburger Urteils. Damit unterscheidet sich dieser Ansatz überzeugend von dem etwa jüngst noch von *Robbers* vertretenen Ansatz, der nicht einmal Art. 9 Abs. 3 GG betroffen sehen möchte.[37] Das Grundrecht der Gewerkschaften ist betroffen, es läuft also auf eine Abwägungsentscheidung hinaus – hier genauso wie im Loyalitätsrecht. Es darf nicht zu einem Abwägungsausfall kommen. Das ist – nicht nur methodisch – sehr überzeugend.

Ist aber dieser Abwägungsprozess in der Entscheidung des LAG Hamm überzeugend geglückt? Nur aus der Presseerklärung lässt sich nicht viel ersehen. Aber eine vorsichtige Einschätzung auf ihrer Grundlage sei erlaubt. Zu dem Argument der kirchen- bzw. auftragsfernen Mitarbeitern gilt das schon lange Bekannte: Hier wird man dem staatlichen Gericht nicht die Kompetenz zubilligen können, darüber zu urteilen, wer für den Dienst am Nächsten wichtig ist und wer nicht. Das zweite Argument des LAG von der

---

[35] LAG Hamm, Urt. v. 13.1.2011 – 8 Sa 788/10 – LAGE Nr. 88 zu Art. 9 GG Arbeitskampf.

[36] ArbG Hamburg, Urt. v. 1.9.2010 – 28 Ca 105/10, ArbuR 2010, 446.

[37] *Robbers,* Streikrecht in der Kirche, 2010, 73.

fehlenden Gleichwertigkeit des Dritten Weges mit dem Tarifweg überrascht zumindest im Hinblick darauf, dass der Dritte Weg gerade noch vom BAG am 22.7.2010 explizit als gleichwertig anerkannt wurde.[38]

Aus alledem folgt, dass insbesondere nach den Entscheidungen des EGMR maßgeblich zu beachten ist, dass das Selbstbestimmungsrecht der Kirchen mit der daraus folgenden Unzulässigkeit des Streiks nicht absolut gesehen werden darf, sondern dass es abgewogen werden muss mit dem verfassungsrechtlich verbürgten Grundrecht aus Art. 9 Abs. 3 GG. Entscheidend ist, dass die daraus resultierende Abwägung zumindest dann, wenn mit dem Dritten Weg ein funktionierendes gleichwertiges Alternativmodell zum Tarifweg zur Verfügung steht[39], regelmäßig zugunsten einer Unzulässigkeit des Streiks ausfallen muss: Wenn nämlich die Kirchen sich, gestützt auf ihre Kirchenautonomie, für ein eigenes System der Arbeitsrechtssetzung entscheiden, das auch von der Rechtsprechung des BAG als gleichwertig anerkannt und funktionsfähig ist[40], dann bedarf es eines Arbeitskampfes nicht; die grundrechtlich geschützte Position der Kirchen, die einen Kampf für unvereinbar mit ihrer Überzeugung halten, überwiegt dann die verfassungsrechtlich geschützte Position der Gewerkschaften. Entscheidend ist dann allerdings, dass dieser Weg auch funktioniert. Doch dies ist ein eigenes Thema.

VIII. Ergebnis

Letztlich bewegen sich die Kirchen mit ihren Loyalitätsvorgaben sehr bewusst und genau in dem Rahmen, den das allgemeine Kündigungsrecht vorgibt und der auch vom EGMR in seinen Entscheidungen vom 23.9.2010 angemahnt worden ist.[41] Er hat dort zwar bestätigt, dass das verfassungsrechtliche Selbstbestimmungsrecht der Kirchen weit reicht und auch dazu führen kann, dass Loyalitätsverstöße zu einer Kündigung führen können, aber die verfassungsrechtlich verbürgten Positionen des Arbeitnehmers, etwa aus Art. 6 GG oder auch aus Art. 4 GG, dürfen nicht vollständig ausgeblendet bleiben und vom Gericht in einer Überprüfung vollständig vernachlässigt werden. Das aber entspricht schon jetzt der Rechtslage. Man hatte es nur häufig – wie bequem – gern vergessen. Mehr Ehrlichkeit in der Vorgehensweise ist daher das Gebot, das aus Straßburg in das kirchliche Arbeitsrecht hineinragt. Ehrlichkeit führt dann aber gegebenenfalls auch zu, für die Kirchen unbequemeren Ergebnissen.

---

[38] BAG, Urt. v. 22.7.2010 – 6 AZR 847/07, ZTR 2010, 658 ff.

[39] BAG, Urt. v. 22.7.2010 – 6 AZR 847/07, ZTR 2010, 658 ff.

[40] Jüngst noch BAG, Urt. v. 22.7.2010 – 6 AZR 847/07, ZTR 2010, 658 ff; siehe auch *Joussen,* RdA 2010, 287 ff.

[41] EGMR, Urt. v. 23.9.2009 – 425/03 (Obst), EuGRZ 2010, 571 ff.

Loyalitätspflichtverletzungen im kirchlichen Arbeitsrecht zwischen Menschenrechtskonvention und Grundgesetz

Von Stefan Magen

Seit der Entscheidung des Bundesverfassungsgerichts über die Verfassungsbeschwerden der *Barmherzigen Schwestern von der heiligen Elisabeth* und der *Salesianer Don Boscos* aus dem Jahr 1985 zieht das deutsche Verfassungsrecht einen festen verfassungsrechtlichen Rahmen für die Frage, wie Loyalitätspflichten, die Kirchen ihren Arbeitnehmern auferlegen, im Arbeitsrecht zu behandeln sind.[1] Bisher prägte dieser verfassungsrechtliche Rahmen auch die Rechtsprechung der Arbeitsgerichte.[2] Allerdings hat der Europäische Gerichtshof für Menschenrechte in den Rechtssachen *Obst* und *Schüth* aus dem Jahr 2010 nunmehr aus Sicht der Europäischen Menschenrechtskonvention eigenständige Anforderungen an die Behandlung von Loyalitätsverstößen formuliert, denen die deutschen Arbeitsgerichte nach Auffassung des EGMR im Fall *Schüth* nicht genügt haben.[3] Dies wirft die Frage auf, ob die Entscheidungen des EGMR eine grundsätzliche Korrektur der arbeitsgerichtlichen Judikatur zum kirchlichen Arbeitsrecht erfordern.

Bei der Diskussion dieser Frage wird meines Erachtens einem wesentlichen Aspekt nicht die notwendige Aufmerksamkeit geschenkt,[4] nämlich dem intrikaten Verhältnis zwischen EMRK und deutschem Verfassungsrecht, wie es das BVerfG in jüngerer Zeit in Entscheidungen zum Umgangsrecht (*Görgülü*) und zur Sicherungsverwahrung entwickelt hat.[5] Soweit die vom EGMR formulierten Maßgaben an den Schutz kirchlicher Arbeitnehmer mit

---

1 BVerfGE 70, 138 ff.; vgl. *Korioth,* in: Maunz/Dürig, GG, Art. 140/Art. 137 WRV Rn. 41; *Richardi,* Arbeitsrecht in der Kirche, 5. Aufl. 2009, S. 88 ff.

2 Vgl. *Dörner/Vossen,* in: Ascheid/Preis/Schmidt, Kündigungsrecht, 4. Aufl. 2012, KSchG § 1 Rn. 861 ff.

3 EGMR, NZA 2011, 277 ff. (Obst); NZA 2011, 279 ff. (Schüth); vgl. auch EGMR, NZA 2012, 199 ff. (Siebenhaar).

4 Siehe aber *Plum,* NZA 2011, 1194 ff.

5 BVerfGE 111, 307 ff.; 128, 326 ff.; dazu *Hörnle,* NStZ 2011, 488 ff.; *Windoffer,* DÖV 2011, 590 ff.; vgl. auch *Voßkuhle,* NVwZ 2010, 1 ff.; *Kirchhof,* NJW 2011, 3681 ff.; *Groh,* FPR 2009, 153 ff.; *Klein,* NVwZ 2010, 221 ff.; *Sauer,* ZaöRV 2005, 35 ff.; *Windel,* JR 2011, 323 ff.

dem bislang vom BVerfG geforderten Schutz des kirchlichen Selbstbestimmungsrechts kollidieren, bedarf das Verhältnis von EMRK und GG und das Verhältnis von EGMR und BVerfG genauerer Betrachtung. Da die EMRK in Deutschland nur im Rang einfachen Bundesrechts gilt, steht dann nämlich keineswegs fest, dass die Entscheidungen des EGMR gegenüber der Judikatur des BVerfG Vorrang beanspruchen können. Ebenso wenig steht aber auch fest, dass die Judikatur des EGMR unbeachtlich wäre. Denn das BVerfG entnimmt einerseits dem nach seiner Auffassung im GG verankerten Grundsatz der Völkerrechtsfreundlichkeit den Auftrag, die EMRK in der Auslegung durch den EGMR als Auslegungshilfe bei der Auslegung der Grundrechtsverbürgungen des GG heranzuziehen. Andererseits setzen die Grundrechte nach Auffassung des BVerfG einer solchen Rezeption aber auch Grenzen. Konflikte mit dem Völkerrecht sollen möglichst, aber nicht uneingeschränkt vermieden werden.

Die Frage der Umsetzung der EGMR-Entscheidungen in das deutsche Arbeitsrecht wird damit zu einem komplexen Dreiecksproblem mit mehreren Unbekannten, in dem neben der EMRK und dem Arbeitsrecht auch das Verfassungsrecht eine wichtige, wenn nicht entscheidende Rolle spielt. Eine der Unbekannten dabei ist die Frage, ob die Entscheidungen des EGMR überhaupt in relevanter Weise mit der bisherigen Rechtsprechung des BVerfG in Konflikt geraten. Das in dieser Frage Unsicherheit besteht, rührt nicht zuletzt daher, dass der EGMR eine offene Kritik an der *Barmherzige Schwestern/Don Bosco*-Entscheidung des BVerfG vermeidet und diese vielmehr, soweit er sie ausdrücklich thematisiert, nicht kritisiert.[6] Daraus lässt sich aber nicht schließen, die Entscheidungen des EGMR in Sachen *Obst* und *Schüth* durchbrächen den vom BVerfG gezeichneten verfassungsrechtlichen Rahmen nicht, so dass sich deren Umsetzung – etwa durch Neujustierung der Abwägung im Kündigungsschutzrecht – auf das einfache Recht beschränken könnte. Dieser Auffassung scheint aber insbesondere das Bundesarbeitsgericht zu sein, das sich vor kurzem in einem Rechtsstreit über die Kündigung eines Chefarztes wegen Wiederverheiratung auch mit den Auswirkungen der Entscheidungen *Obst* und *Schüth* befasst hatte.[7] In dieser für die zukünftige Praxis der Arbeitsgerichte sicher nicht unbedeutenden Entscheidung beruft sich das BAG sowohl auf die Rechtsprechung des BVerfG wie auch auf die Jurisprudenz des EGMR, ohne einen möglichen Konflikt zwischen beiden Gerichten zu thematisieren. Das BAG übersieht dabei (oder möchte übersehen), dass der EGMR bei genauerer Betrachtung in der Sache nicht weniger versucht, als einen wesentlichen Teil des verfas-

---

6 EGMR, NZA 2011, 277, 278 (Obst); NZA 2011, 279, 282 (Schüth); EGMR, NZA 2012, 199, 201 (Siebenhaar).

7 BAG, NJW 2012, 1099 ff.

sungsrechtlichen Rahmens einzureißen, den das BVerfG zugunsten der kirchlichen Selbstverwaltungsgarantie aufgezogen hat. Besteht aber, wie noch zu zeigen sein wird, ein Konflikt zwischen EGMR und BVerfG, kann die Judikatur des EGMR nicht ohne Weiteres in das deutsche Arbeitsrecht übertragen werden. Sie muss zuvor die Kontrolle der Verfassung passieren. Es wird dann unumgänglich, auch die Frage zu thematisieren, nach welchen Maßstäben ein Konflikt zwischen EMRK und GG bzw. zwischen EGMR und BVerfG zu entscheiden ist und welches Gericht – EGMR, BVerfG oder die Fachgerichte – dazu berufen ist.

Im Folgenden werden zunächst die Konfliktpunkte zwischen BVerfG, EGMR und BAG in der Frage der Loyalitätspflichten herausgearbeitet (unten I.). Dann werden die allgemeinen Mechanismen zur Abstimmung und Konfliktvermeidung zwischen Grundgesetz und EMRK erörtert und daraus Konsequenzen für die Umsetzung der EGMR-Rechtsprechung in das kirchliche Arbeitsrecht in Deutschland gezogen (unten II.).

I. Der Konfliktpunkt zwischen EGMR und BVerfG

Der Gegenstand des Konflikts zwischen EGMR und BVerfG lässt sich genau angeben. Er betrifft die Abwägung zwischen den Interessen der Kirche und des Arbeitnehmers, und dort die Frage, nach welchen Maßstäben und vom wem das Gewicht eines Loyalitätspflichtverstoßes zu bemessen ist. Gegenstand des Konflikts ist also das Ausmaß der Kontrollbefugnis der staatlichen Gerichte hinsichtlich des kirchlichen Selbstverständnisses bei der kündigungsschutzrechtlichen Abwägung. Dieser Konflikt wird dadurch verschleiert, dass EGMR und BAG die Maßgeblichkeit und nur eingeschränkte Überprüfbarkeit des kirchlichen Selbstverständnisses bei der *Feststellung* der Loyalitätspflichten anerkennen. Der gleiche Schutz des kirchlichen Selbstverständnisses gilt aber auch für die *Gewichtung* der Loyalitätspflichtverletzung im Rahmen der Abwägung (sonst wäre er auch wertlos), was EGMR und BAG nicht beachten. Im Einzelnen:

1. Die Rechtsprechung des BVerfG

Im Unterschied zu dem kirchlichen Dienstrecht der öffentlich-rechtlich korporierten Religionsgemeinschaften, das kirchlichem Recht entspringt,[8] findet auf kirchliche Arbeitsverhältnisse nach der Rspr. des BVerfG im Grundsatz staatliches Arbeitsrecht Anwendung, insbesondere § 1 KSchG

---

[8] BVerfGE 42, 312 (322); *Magen,* Körperschaftsstatus und Religionsfreiheit, 2004, S. 96 f.

und § 626 BGB.[9] Das staatliche Arbeitsrecht wird aber durch das kirchliche Selbstverwaltungsrecht aus Art. 140 GG i.V.m. Art. 137 III WRV in erheblichem Umfang modifiziert. Dem kirchlichen Selbstverwaltungsrecht wird dabei nicht nur unspezifisch ein hoher Stellenwert bei einer Kündigung wegen Loyalitätspflichtverstößen eingeräumt. Das BVerfG entnimmt der Selbstverwaltungsgarantie vielmehr sehr spezifische Direktiven dazu, wie die in diesem Zusammenhang notwendige Abwägung zu gestalten ist. Insbesondere bleibt es in den Grenzen von Willkürverbot, guten Sitten und ordre public zunächst den Kirchen überlassen, festzulegen, welche Loyalitätspflichten nach ihrem Selbstverständnis geboten sind und welches Gewicht ihnen beizumessen ist.[10] In diesen Grenzen obliegt es allein den Kirchen, „verbindlich zu bestimmen, was ‚die Glaubwürdigkeit der Kirche und ihrer Verkündigung erfordert', was ‚spezifisch kirchliche Aufgaben' sind, was ‚Nähe' zu ihnen bedeutet, welches die ‚wesentlichen Grundsätze der Glaubenslehre und Sittenlehre' sind und was als – gegebenenfalls schwerer – Verstoß gegen diese anzusehen ist".[11] Diese Befugnis umfasst auch die Entscheidung darüber, „ob und wie innerhalb der im kirchlichen Dienst tätigen Mitarbeiter eine ‚Abstufung' der Loyalitätspflichten eingreifen soll".[12] Die Arbeitsgerichte sind insoweit darauf beschränkt, „den Sachverhalt festzustellen und unter die kirchlicherseits vorgegebenen Loyalitätsobliegenheiten zu subsumieren".[13]

Erst die nachgeordnete Frage, ob bei festgestellter Loyalitätspflichtverletzung eine Kündigung im Sinne von § 626 BGB, § 1 KSchG sachlich gerechtfertigt ist, unterliegt einer umfassenden Beurteilungskompetenz der staatlichen Arbeitsgerichte.[14] Diese haben dabei unter anderem die Interessen von Kirchen und Arbeitnehmern gegeneinander abzuwägen. Allerdings wäre die Autonomie, die den Kirchen auf der ersten Stufe hinsichtlich der Festlegung und Gewichtung von Loyalitätspflichten zunächst eingeräumt wird, wertlos, wenn die Arbeitsgerichte auf der zweiten Stufe bei der Abwägung des kirchlichen Interesses nunmehr eine eigenständige Bewertung des Loyalitätspflichtverstoßes nach eigenen Maßstäben vornehmen könnten. Deshalb fordert das BVerfG nicht bloß generell, dass bei der Abwägung im Rahmen des Kündigungsschutzrechts dem Selbstverständnis der Kirchen „das von der Verfassung geforderte Gewicht" beizumessen sei.[15] Es verlangt spezifischer, dass auch die Gewichtung einer Loyalitätspflichtverlet-

---

[9] BVerfGE 70, 138 (165).
[10] BVerfGE 70, 138 (165 ff.).
[11] BVerfGE 70, 138 (139), LS. 3.
[12] BVerfGE 70, 138 (139), LS. 4.
[13] BVerfGE 70, 138 (168).
[14] BVerfGE 70, 138 (168 f.).
[15] BVerfGE 70, 138 (172).

zung nach dem kirchlichen Selbstverständnis zu erfolgen hat.[16] Wörtlich heißt es bei der verfassungsrechtlichen Überprüfung der arbeitsgerichtlichen Abwägung: „Verfassungsrechtlich ist dieses [zuvor referierte] Verständnis der Kirche [zum Schwangerschaftsabbruch] die maßgebliche Richtschnur für die Beurteilung des gerichtlich festgestellten Loyalitätsverstoßes des Klägers." Das heißt, auch bei der Abwägung gilt noch, was für die Feststellung einer Loyalitätspflichtverletzung formuliert wurde, nämlich dass über das kirchliche Selbstverständnis nur die verfasste Kirche selbst entscheiden kann. Deren Wertung ist mithin in den Grenzen von Willkür, guten Sitten und ordre public auch bei der Abwägungsentscheidung durch die Arbeitsgerichte zugrunde zu legen.[17] Entsprechend verstieß es nach Auffassung des BVerfG bei einer Kündigung wegen Kirchenaustritts gegen die Selbstverwaltungsgarantie, dass „die Bewertung des Kirchenaustritts nach der kirchlichen Doktrin" übergangen wurde.[18]

Verfassungsrechtlich wie praktisch ist diesbezüglich, die staatlichen Gerichten zustehende Überprüfungskompetenz- und -dichte von entscheidender Bedeutung. Nicht anders als in weltlichen Institutionen und Organisationen auch wird die Bewertung von Loyalitätsverstößen auch innerhalb von Religionsgemeinschaften zum Teil umstritten und zeitlichem Wandel unterworfen sein. Und wie weltliche Institutionen stehen auch Religionsgemeinschaften unter einer Vielzahl von Zwängen, die es mitunter notwendig machen können, kirchliche Grundsätze im Einzelfall nicht in dem Maß durchzusetzen, wie es aus Sicht der Glaubenslehre notwendig wäre. Dass aber Religionsgemeinschaften um den richtigen Standpunkt in der Welt ringen oder mit weltlichen Umsetzungsproblemen kämpfen, bedeutet keineswegs, dass sie ihren Glaubensstandpunkt aufgeben, relativieren oder nicht ernst nehmen würden. Für Religionsgemeinschaften sind Spannungen zwischen religiösen und weltlichen Dingen vielmehr eine nachgerade charakteristische Erscheinung. Sie pauschal als Inkonsequenz auszulegen, zeugt nicht nur von Unkenntnis über die Eigenart von Religion, sondern verletzt auch die den staatlichen Gerichten durch das Neutralitätsgebot verordnete Inkompetenz in Glaubensdingen. Darauf wird im Zusammenhang mit der jüngsten Entscheidung des BAG zurückzukommen sein.

---

[16] BVerfGE 70, 138 (171); *German,* in: Epping/Hillgruber, Beck'scher Online-Kommentar GG, Stand 1.1.2012, Art. 140 Rn. 51.

[17] Vgl. BVerfGE 70, 138 (167): „Im Streitfall haben die Arbeitsgerichte die vorgegebenen kirchlichen Maßstäbe für die *Bewertung* vertraglicher Loyalitätspflichten zugrunde zu legen, ..."

[18] BVerfGE 80, 138 (172).

2. Die Rechtsprechung des EGMR

Mit der vom BVerfG formulierten verfassungsrechtlichen Vorgabe einer im Wesentlichen auf Willkür eingeschränkten Überprüfung des kirchlichen Selbstverständnisses *auch bei der Abwägung* bricht der EGMR in den Entscheidungen *Obst* und *Schüth.*[19] Ausgangspunkt für den EGMR ist die Annahme einer positiven Schutzpflicht der Mitgliedsstaaten aus Art. 8 EMRK für das Privatleben des Arbeitnehmers, die nach vergleichbaren Maßstäben wie staatliche Eingriffe zu beurteilen sein soll.[20] Diese Verpflichtung ist mit dem Recht der Religionsgemeinschaften aus Art. 9,11 EMRK abzuwägen, welches auch die Autonomie der Religionsgemeinschaften als Arbeitgeber schützt. Gegenstand der Überprüfung durch den EGMR ist dabei die von den deutschen Arbeitsgerichten vorgenommene Abwägung dieser Rechte. Diese wird daran gemessen, ob das Maß des den Beschwerdeführern jeweils eingeräumten Schutzes ausreichend war oder nicht.[21] Vorgeblich überprüft der EGMR dabei nicht das Abwägungsergebnis, sondern ob die Rechte von Arbeitnehmer und kirchlichem Arbeitgeber von den Arbeitsgerichten in einer mit der Konvention zu vereinbarenden Art und Weise gegeneinander abgewogen wurden.[22]

Die entscheidende Frage ist damit, welche Anforderung die Konvention nach Auffassung des Gerichtshofs an die Abwägung der Arbeitnehmerinteressen stellt, um den Arbeitnehmern einen ausreichenden Schutz zu gewähren. Der Gerichtshof formuliert diese Anforderungen nicht in abstrakter Form. Aus seiner Auseinandersetzung mit den arbeitsgerichtlichen Entscheidungen ergibt sich aber ein deutliches Bild, insbesondere, wenn man die Aussagen des Gerichtshofs im Fall *Schüth*, in dem er eine Konventionsverletzung festgestellt hat, mit seinen Aussagen im Fall *Obst* kontrastiert, dessen Behandlung durch die deutschen Arbeitsgerichte der Gerichtshof für konventionskonform erachtet hat. Gedanklicher Ausgangspunkt beider Entscheidungen ist eine verkürzte und insoweit irreführende Paraphrasierung der *Barmherzige Schwester/Don Bosco*-Entscheidung des BVerfG, wonach die Arbeitsgerichte nach deutschem Recht nicht uneingeschränkt an die Vorgaben der Kirchen gebunden gewesen wären und darauf zu achten gehabt hätten, dass die Kirchen ihren Angestellten keine unannehmbaren Loyalitätspflichten auferlegen. Nicht erwähnt wird die vom BVerfG verordnete Beschränkung der gerichtlichen Überprüfung des kirchlichen Standpunkts auf Willkür, gute Sitten und ordre public. Stattdessen handhabt der EGMR den dem BVerfG unterstellten Ansatz in einer Art und Weise, die

19 EGMR, NZA 2011, 277 ff. (Obst); EGMR, NZA 2011, 279 ff. (Schüth).

20 EGMR, NZA 2011, 277, 278 (Obst); NZA 2011, 279, 281 (Schüth).

21 A. a. O.

22 EGMR, NZA 2011, 279 (282) (Schüth).

die restriktiven Abwägungsdirektiven des BVerfG vollständig aushebelt. Unproblematisch aus Sicht des deutschen Verfassungsrechts ist insoweit noch die Forderung des EGMR, in der Abwägung den dem Beschwerdeführer aus der Kündigung jeweils entstandenen Schaden für sein Arbeits- und Familienleben zu berücksichtigen (was im Fall *Schüth* zum Teil unterblieben, aber im Fall *Obst* geschehen sei). Problematisch ist dagegen die Gewichtung und Überprüfung des Loyalitätsverstoßes. Hier obliegt es nach deutschem Verfassungsrecht, wie gesagt, allein den Kirchen, verbindlich zu bestimmen, was die Glaubwürdigkeit der Kirche erfordert, d.h., welche Loyalitätspflichten gelten, ob diese nach Nähe zum Verkündigungsauftrag abzustufen sind und wie Verstöße zu gewichten sind. Ob diese Loyalitätspflichten für den Arbeitnehmer „unannehmbar" sind, bemisst sich für das BVerfG nur am Maßstab von Willkür, guten Sitten und ordre public.[23]

Der Loyalitätspflichtverstoß muss sich dann zwar auch einer Abwägung mit den Interessen des Arbeitnehmers stellen, aber, und das ist entscheidend, mit dem Gewicht, das ihm *nach dem kirchlichen Selbstverständnis* zukommt. Der EGMR verlangt dagegen eine eigenständige Gewichtung durch die staatlichen Arbeitsgerichte, die nicht auf eine Prüfung auf Willkür, gute Sitten und ordre public begrenzt ist, sondern Gewicht und Reichweite der kirchlichen Grundsätze unabhängig vom Standpunkt der Kirchen selbst beurteilt. Die zentrale Kritik des EMGR an den deutschen Arbeitsgerichten im Fall *Schüth* lautet dementsprechend, sie hätten „die Nähe der Tätigkeit des Beschwerdeführers zum Verkündungsauftrag der Kirche nicht geprüft, sondern offenbar ohne weitere Untersuchung die Auffassung des kirchlichen Arbeitgebers übernommen." Es sei aber „eine eingehendere Prüfung bei Abwägung der widerstreitenden Interessen unbedingt erforderlich". Zwar erlaube die Konvention die Auferlegung von Loyalitätspflichten. Doch dürfe nicht im Namen der kirchlichen Autonomie „eine eingeschränkte Kontrolle durch die Arbeitsgerichte eingerichtet werden, ohne dass die Art der Stellung des Betroffenen berücksichtigt wird und ohne dass die infrage stehenden Interessen nach dem Grundsatz der Verhältnismäßigkeit gegeneinander abgewogen werden".[24]

Wie weit diese gerichtliche Überprüfung in den Augen des EGMR zu gehen hat, wird an seiner Auseinandersetzung mit den Einzelheiten des Falls deutlich. Sie umfasst augenscheinlich die Details der Auslegung vertraglicher Erklärungen, wenn der Gerichtshof bemängelt, die Unterzeichnung des Arbeitsvertrages durch den Beschwerdeführer könne „nicht als ein eindeutiges persönliches Versprechen angesehen werden, im Fall einer Trennung oder Scheidung enthaltsam zu leben", obwohl der Beschwerdeführer sich

---

[23] BVerfGE 70, 138 (168).

[24] BAG, NZA 2011, 279, 282 (Schüth).

zu einer Lebensführung verpflichtet hatte, die den Grundsätzen der katholischen Glaubens- und Sittenlehre entspricht, und die Position der katholischen Kirche zur Frage der Wiederheirat einem angehenden Kirchenmusiker kaum verborgen geblieben sein wird. Bezeichnend ist zudem die Rigorosität, mit der der Gerichtshof die Nähe zum Verkündigungsauftrag geprüft sehen will. Die Arbeitsgerichte hatten insoweit darauf hingewiesen, der Beschwerdeführer wirke mit dem Dechanten an der Messfeier mit, was die Glaubwürdigkeit der Kirche gefährde. Wenn man eine gesteigerte Nähe zum Verkündigungsauftrag – soweit es darauf überhaupt ankommen sollte – nicht von vornherein auf geweihte Personen beschränken möchte, ist kaum ersichtlich, was noch dazu qualifizieren sollte, wenn nicht eine Mitwirkung an dem zentralen liturgischen Ereignis der katholischen Kirche. Viel näher wird man als Laie der Verkündung in der katholischen Kirche kaum kommen. Nach verfassungsrechtlichen Maßstäben ist diese Begründung für den Standpunkt der Kirche sicherlich plausibel und in keinem Fall willkürlich. Der EGMR meint demgegenüber, mit diesem Hinweis hätten die Arbeitsgerichte die Nähe zum Verkündigungsauftrag noch überhaupt nicht geprüft, sondern „ohne weitere Untersuchung" die Auffassung des kirchlichen Arbeitgebers übernommen.[25] Mit deutschem Verfassungsrecht, wie es das BVerfG in der *Entscheidung Barmherzige Schwestern/Don Bosco* konkretisiert hat, ist die hier verlangte Prüfungsdichte jedenfalls nicht zu vereinbaren, weil nach dem GG in den genannten Grenzen allein die Kirchen und Religionsgemeinschaften über die Nähe zum Verkündigungsauftrag entscheiden.

3. Die Rechtsprechung des BAG

Das BAG hat sich nach diesen Entscheidungen des EGMR mit dem kirchlichen Arbeitsrecht nunmehr in einem Verfahren über die Klage des Chefarztes eines katholischen Krankenhauses befasst, dem wegen Wiederheirat gekündigt worden war.[26] Das BAG hat dabei die Entscheidungen der Instanzgerichte, die zugunsten des Klägers erkannt hatten, maßgeblich mit der Begründung bestätigt, bei Abwägung der Interessen der Parteien sei der Krankenhaus-Trägerin trotz der Loyalitätspflichtverletzung die Fortsetzung des Arbeitsverhältnisses zumutbar. Stützt das BAG seine Entscheidung maßgeblich auf die Interessenabwägung, ist der kritische Punkt, ob das BAG weiterhin die vom BVerfG zugunsten des kirchlichen Selbstbestimmungsrechts aufgestellten Abwägungsdirektiven zugrunde legt oder ob diese zugunsten der vom EGMR geforderten gerichtlichen Überprüfung des kirchlichen Selbstverständnisses aufgibt. Das BAG nimmt zu dieser Frage

---

[25] BAG, NZA 2011, 279, 282 (Schüth).

[26] BAG, NJW 2012, 1099 ff.

nicht ausdrücklich Stellung, sondern blendet den Konflikt aus. Es zitiert die Rspr. von BVerfG und EGMR nur insoweit, als beide übereinstimmend eine Interessenabwägung fordern,[27] erwähnt aber die vom BVerfG postulierten Schranken einer gerichtlichen Überprüfung mit keinem Wort. Stattdessen unternimmt das BAG ohne weiteres Aufhebens im Stile des EGMR eine umfassende gerichtliche Überprüfung des religiösen Selbstverständnisses gegen den Standpunkt der Kirche. Ohne sich auch nur im Ansatz auf eine Prüfung an den Maßstäben von Willkür, gute Sitten und ordre public zu beschränken, hält es der Kirche vermeintliche Widersprüche in ihrem Selbstverständnis vor. Aus verschiedenen Umständen, so heißt es, ergebe sich, dass „sie [die Krankenhausträgerin] selbst die Auffassung vertritt, einer ausnahmslosen Durchsetzung ihrer sittlichen Ansprüche zur Wahrung ihrer Glaubwürdigkeit nicht immer zu bedürfen". So könnten nach der kirchlichen Grundordnung auch nichtkatholische Personen mit leitenden Tätigkeiten betraut werden, die Krankenhausträgerin habe zudem in anderen Fällen wiederverheiratete Chefärzte nicht entlassen (wenngleich nicht-katholische oder solche in besonderen Lebensumständen) und die Beklagte haben im Fall des Klägers dessen eheloses Zusammenlebens über längere Zeit hingenommen.[28] Deshalb sei nur schwer erkennbar, weshalb der Kirche die Beschäftigung unzumutbar sein solle. Welche Prüfungskompetenz das BAG hier beansprucht, wird deutlich, wenn man bedenkt, dass das BAG eine Verletzung des arbeitsrechtlichen Diskriminierungsschutzes[29] und vor allem auch eine Verletzung des arbeitsrechtlichen Gleichbehandlungsgrundsatzes ausdrücklich ablehnt.[30] Das heißt, obwohl es arbeitsrechtlich hinreichende Gründe für die Ungleichbehandlung gibt, hält sich das BAG zu der Feststellung berechtigt, die Kirche sehe ihr Ethos selbst nicht gefährdet, weil sie die Durchsetzung ihrer Loyalitätsbedürfnisse „differenziert handhabe". Was also eine nach staatlichem Recht legitime Differenzierung ist, soll für das kirchliche Ethos bei weitem nicht konsequent genug sein. Eine solche Argumentation scheint von der in der Tat religionsfeindlichen Maxime[31] getragen zu sein, das kirchliche Selbstverständnis falle bei der Abwägung nur dann ins Gewicht, wenn die Kirchen es rigoros und unabhängig von jeden praktischen Folgen durchsetzen. Zeigen die Kirchen dagegen im Einzelfall Verständnis, beugen sie sich im Einzelfall praktischen

---

[27] BAG, NJW 2012, 1099, 1101.

[28] BAG, a.a.O., 1102.

[29] BAG, a.a.O., 1101 f.

[30] BAG, a.a.O., 1102.

[31] Ein Indikator für das Religionsverständnis des Senats könnte insoweit dessen Bemerkung sein, die Auffassungen der Kirche mögen der Bevölkerungsmehrheit „unplausibel, rückwärtsgerichtet oder irrational erscheinen" (BAG, NJW 2012, 1099, 1102).

Zwängen, oder ringen sie darum, wie weit Glaubwürdigkeit eine Opposition zur Welt verlangt, soll das Selbstverständnis der Kirchen, so scheint das BAG zu meinen, nicht weiter ins Gewicht fallen. Die Argumentation beruht auf einem Denkfehler, nämlich Kompromissbereitschaft sei ein Nachweis, dass der kompromittierte Wert nicht hoch geschätzt wird. Ebenso kann es aber sein, dass sich die betroffene Religionsgemeinschaft mit gravierenden Dilemmata konfrontiert sieht und dass Kompromisse wie die beschriebenen mit erheblichen Opfern für die Glaubensüberzeugungen erkauft sind. Solche Kompromisse lassen nicht notwendig auf mangelnde Ernsthaftigkeit schließen, wie des BAG zu unterstellen scheint, sondern können auch die Grenze des aus religiöser Sicht gerade noch erträglichen markieren. Art. 140 GG, Art. 137 WRV schützt aber mit gleichem Gewicht auch ein religiöses Selbstverständnis, dass sich in dieser Welt zu arrangieren sucht. Die Linie, die das BAG in der *Chefarzt*-Entscheidung eingeschlagen hat, ist jedenfalls mit den verfassungsrechtlichen Vorgaben des BVerfG nicht vereinbar. Sie ist eher symptomatisch für die grundsätzlichen Schwierigkeiten, die Gerichte im Umgang mit religiösen Glaubensvorstellungen mitunter haben.

II. Das Grundgesetz als Torwächter zwischen Menschenrechtskonvention und dem kirchlichen Arbeitsrecht

Obwohl der EGMR in der Rechtssache *Schüth* eine offene Kritik der Rechtsprechung des BVerfG vermeidet und vermeintlich nur die Abwägungsentscheidung der Arbeitsgerichte beanstandet, durchbricht er in der Sache den vom BVerfG in der *Barmherzige Schwester/Don-Bosco*-Entscheidung zugunsten des kirchlichen Selbstverwaltungsrechts konstatierten verfassungsrechtlichen Rahmen, indem er eine uneingeschränkte gerichtliche Überprüfung des kirchlichen Standpunkts fordert und eine Differenzierung nach der Art der Stellung des Arbeitnehmers verlangt. Die deutschen Arbeitsgerichte beginnen nun, wie die jüngste *Chefarzt*-Entscheidung des BAG zeigt, diese Linie zu übernehmen, ohne sich freilich mit dem daraus entstehenden Konflikt mit der Rechtsprechung des BVerfG zu befassen. Sie berücksichtigen dabei aber nicht, dass das Grundgesetz eine Rezeption der konventionsrechtlichen Rechtsprechung begrenzt, insbesondere in sog. mehrpoligen Grundrechtsverhältnissen. Das heißt, man kann die *Schüth*-Entscheidung des EGMR nicht am GG vorbei rezipieren. Welche Grundsätze insoweit zu beachten sind, hat das BVerfG in den Entscheidungen *Görgülü* und insbesondere zur *Sicherungsverwahrung* dargelegt.[32] Gemessen daran steht das Grundgesetz einer uneingeschränkten Rezeption der *Schüth*-Ent-

[32] BVerfGE 111, 307 ff.; 128, 326 ff.

scheidung entgegen, jedenfalls wenn das BVerfG seine Rechtsprechung zum kirchlichen Arbeitsrecht beibehält.

1. Das Verhältnis von EMRK und GG

Bekanntermaßen gilt die EMRK als völkerrechtlicher Vertrag in Deutschland weder unmittelbar noch kann sie Vorrang vor dem einfachen deutschen Recht oder gar dem Grundgesetz beanspruchen. Vielmehr betrachtet die Bundesrepublik – wie das Bundesverfassungsgericht in den Entscheidungen *Görgülü* und *Sicherungsverwahrung* bekräftigt hat – nationales Recht und Völkerrecht einschließlich der EMRK als zwei Rechtskreise. Das Verhältnis dieser Rechtskreise regelt sich in Deutschland nach der Verfassung, die sich insoweit das letzte Wort der Souveränität vorbehält.[33] Freilich weist das BVerfG der EMRK einen durchaus ambivalenten Status zu. Sie ist zwar einerseits nach Art. 59 II GG in der Bundesrepublik nur im Rang eines einfachen Bundesgesetzes umgesetzt. Andererseits verlangt der verfassungsrechtliche Grundsatz der Völkerrechtsfreundlichkeit, Konflikte mit völkerrechtlichen Verpflichtungen zu vermeiden.[34] Umgesetzt wird dieses Ziel, indem die EMRK – ungeachtet ihres niedrigeren Rangs – als Auslegungshilfe für die Bestimmung von Inhalt und Reichweite von Grundrechten und rechtsstaatlichen Grundsätzen des GG herangezogen wird.[35] Um der EMRK umfassend Geltung zu verschaffen,[36] sollen dabei die Entscheidungen des EGMR auch über den entschiedenen Einzelfall hinaus berücksichtigt werden, da ihnen eine faktische Orientierungs- und Leitfunktion zukomme.[37]

Nach diesem Ansatz ist den Entscheidungen *Obst* und *Schüth* im deutschen Recht also dergestalt Rechnung zu tragen, dass diese Entscheidungen nunmehr bei der Auslegung der grundrechtlichen bzw. grundrechtsähnlichen Gewährleistungen der Art. 12 GG und Art. 4 GG i.V.m. Art. 140 GG/Art. 137 WRV zu berücksichtigen sind. Da es die Konvention den Mitgliedstaaten überlässt, wie diese ihre Pflicht zur Beachtung der Konventionsgarantien genügen, verlangt die Berücksichtigungspflicht keine Harmonisierung der Grundrechte der Verfassung mit den Menschenrechten der EMRK, weil dies zur Vermeidung von Völkerrechtsverletzungen nicht notwendig ist.[38] Die Auslegung im Lichte der EMRK hat vielmehr ergebnisorientiert

---

[33] BVerfGE 111, 307 (316 ff.); 128, 326 (366 ff.); kritisch *Ruffert,* EuGRZ 2007, 245, 252.

[34] BVerfGE 111, 307 (317 ff.); 128, 326 (367 ff.).

[35] BVerfGE 128, 326 (368).

[36] BVerfGE 128, 326 (369).

[37] BVerfGE 128, 326 (368 f.).

[38] BVerfGE 128, 326 (367).

zu erfolgen in dem Sinn, dass die Vorgaben des EGMR im Ergebnis berücksichtigt werden, aber nicht in der Herleitung.[39] Dafür sollen die menschenrechtlichen Gehalte der EMRK in den Kontext der aufnehmenden Verfassungsordnung umgedacht und möglichst schonend in das nationale Rechtssystem eingepasst werden. Um Wertungen des EGMR zu berücksichtigen, kommt insbesondere der Verhältnismäßigkeitsgrundsatz in Betracht.[40]

2. *Schüth* und die Rezeptionsgrenzen des Grundgesetzes

Liest man die Entscheidungen *Obst* und *Schüth* unter dieser Fragestellung, nämlich welche Gehalte ihnen im Sinne einer Leitfunktion entnommen werden können, sind dies wohl die Aussagen zur gerichtlichen Kontrolle des kirchlichen Selbstverständnisses. Man kann insoweit zwar, wie oben ausgeführt, daran zweifeln, ob die Subsumtion, die der EGMR unter die von ihm aufgestellten Kriterien vornimmt, überzeugend ist. Die Kriterien und ihre über den Einzelfall hinausgehende Forderung treten aber deutlich hervor. Bei der Abwägung dürfe nicht „ohne weitere Untersuchung die Auffassung des kirchlichen Arbeitgebers übernommen werden", ohne „die Nähe der Tätigkeit des Beschwerdeführers zum Verkündungsauftrag der Kirche" zu prüfen. Es dürfe nicht im Namen der kirchlichen Autonomie „eine eingeschränkte Kontrolle durch die Arbeitsgerichte eingerichtet werden, ohne dass die Art der Stellung des Betroffenen berücksichtigt wird und ohne dass die infrage stehenden Interessen nach dem Grundsatz der Verhältnismäßigkeit gegeneinander abgewogen werden".[41] Diese Forderung scheint sich jetzt das BAG zu eigen gemacht zu haben, ohne dies freilich ausdrücklich zu begründen, denn es unternimmt eben eine solche uneingeschränkte Kontrolle der kirchlichen Position, wie sie der EGMR fordert. Das BAG rezipiert die konventionsrechtlichen Vorgaben dabei durchaus an der vom BVerfG vorgezeichneten dogmatischen Stelle, nämlich bei der Verhältnismäßigkeitsprüfung.

Das Problem ist nur, dass die konventionsrechtlichen Vorgaben mit dem Grundgesetz, wie es das BVerfG in der Entscheidung *Barmherzige Schwestern/Don Bosco* auslegt, im Konflikt liegen.[42] Hier wird nun von Bedeutung, dass das GG nicht nur über den Grundsatz der Völkerrechtsfreundlichkeit die Rezeption der EMRK vorschreibt, sondern dieser Rezeption zugleich auch Grenzen setzt.[43] Das führt allerdings zu der auf den ersten

---

[39] BVerfGE 128, 326 (370).

[40] BVerfGE 128, 326 (371 f.).

[41] BAG, NZA 2011, 279, 282 (Schüth). Es sei eine „eine eingehendere Prüfung bei Abwägung der widerstreitenden Interessen unbedingt erforderlich".

[42] Siehe oben, S. 34.

[43] BVerfGE 111, 307 (317 u. 329); 120, 180 (200 f.); 128, 326 (371 f.).

Blick perplexen Forderung, dass die Grundrechte zugleich im Lichte der EGMR-Rechtsprechung ausgelegt werden als auch der Rezeption dieser Rechtsprechung Grenzen setzen sollen. Wie dieses Problem zu lösen ist, hat das BVerfG kürzlich in der Entscheidung zur *Sicherungsverwahrung* näher ausgeführt. Eine wesentliche Rolle spielt dabei der Gedanke, dass die Konventionsgewährleistungen über den Grundsatz der Völkerrechtsfreundlichkeit primär als Mindeststandard rezipiert werden.[44] Entsprechend betont das BVerfG, die völkerrechtsfreundliche Auslegung des GG dürfe nicht zu einer Einschränkung des Grundrechtsschutzes nach dem Grundgesetz führen (was die EMRK nach Auffassung des BVerfG durch Art. 53 EMRK selbst ausschließe).[45] Dieses Rezeptionshemmnis wird, wie das BVerfG ausführt, vor allem in mehrpoligen Grundrechtsverhältnissen bedeutsam, in denen das „Mehr" an Freiheit für den einen Grundrechtsträger zugleich ein „Weniger" für einen anderen Grundrechtsträger bedeutet.[46] Man sollte die (potentielle) Tragweite dieses Ansatzes nicht unterschätzen.[47] Er besagt nicht weniger, als dass in mehrpoligen Grundrechtsverhältnissen im Konfliktfall das GG immer vorgeht. Bei konsequenter Durchführung wird damit das GG zu einem absoluten Rezeptionshindernis in mehrpoligen Grundrechtsverhältnissen. Für den hiesigen Themenbereich bedeutet das, dass die Entscheidungen *Obst* und *Schüth* für das kirchliche Arbeitsrecht in Deutschland über den Einzelfall hinaus ohne Folgen bleiben müssten.

Dem lässt sich auch nicht entgegen halten, dass das kirchliche Selbstverwaltungsrecht aus Art. 140 GG/Art. 137 WRV kein Grundrecht im formellen Sinn ist. Denn zum einen werden die Interessen der Kirchen und Religionsgemeinschaften in Fällen wie den vorliegenden auch von der Religionsausübungsfreiheit (Art. 4 I, II GG) und von der religiösen Vereinigungsfreiheit geschützt (Art. 4 GG i.V.m. Art. 137 II WRV), weil sie die Verwirklichung eines religiösen Auftrags durch Beschäftigte der Kirche zum Gegenstand haben.[48] In diesen Fragen bleibt der Schutz der Religionsfreiheit nicht hinter dem der Selbstverwaltungsgarantie zurück.[49] Sie ist in-

---

[44] BVerfGE 128, 326 (369).

[45] BVerfGE 111, 307 (317); 128, 316 (368 u. 371); kritisch in Bezug auf Art. 53 EMRK: *Meyer-Ladewig,* EMRK, 3. Aufl. 2011, Art. 53 Rn. 3; *Ruffert,* EuGRZ 2007, 245, 252; vgl. auch *Klein,* NVwZ 2010, 221, 223.

[46] BVerfGE 128, 326 (371 f.); vgl. *Grabenwarter,* FS Tomuschat, 2006, 193 ff.; *ders.*, EuGRZ 2006, 487 ff.; *Hoffmann-Riem,* EuGRZ 2006, 492 ff.; *Papier,* EuGRZ 2006, 1, 3; *Ruffert,* EuGRZ 2007, 245 ff.

[47] Vgl. aber *Voßkuhle,* NJW 2010, 1 (4), der Konflikte zwischen BVerfG und EGMR insgesamt als singuläre Erscheinungen ansieht.

[48] Vgl. BVerfGE 83, 351 (355); *Korioth,* in: Maunz/Dürig, GG, 63. Erg. 2011, Art. 137 WRV Rn. 20 ff.

[49] Zur Deckungsgleichheit der Schutzbereiche in weiten Teilen vgl. *Muckel,* in: Berliner Kommentar zum GG, Art. 140 GG/Art. 137 WRV Rn. 27.

soweit als Konkretisierung der Religionsfreiheit anzusehen.[50] Zudem ist auch die Selbstverwaltungsgarantie materiell betrachtet ein Grundrecht und strukturell als Freiheitsrecht der allgemeinen Vereinigungsfreiheit vergleichbar.[51] In jedem Fall dient sie funktionell der Verwirklichung der Religionsfreiheit.[52] Schließlich wäre es eigenartig, wenn das GG hinter die Menschenrechtskonvention zurückfallen und die Autonomie der Religionsgemeinschaft nicht als „Grundrecht" anerkennen würde, obwohl die EMRK diese in Art. 9 EMRK gewährleistet.[53] Ist aber die Selbstverwaltungsgarantie im Zusammenhang der Rezeptionsfrage als „Grundrecht" zu behandeln, und nimmt man die Rezeptionsmaßstäbe der *Sicherungsverwahrungs*-Entscheidung ernst, dann steht das GG einer Rezeption der EGMR-Rechtsprechung zum kirchlichen Arbeitsrecht, wie sie das BAG in die Wege geleitet hat, entgegen.

Vielleicht liegen die Dinge aber auch weniger dramatisch, wenn Christoph Grabenwarter mit einer klugen Bemerkung zur *Görgülü*-Entscheidung Recht hat. Er vermutet, dem Bundesverfassungsgericht ginge es mit seinem Vorbehalt des letzten Wortes weniger um die Bindungswirkung der Entscheidungen des EGMR, also um die Vorrangfrage, als vielmehr um die Kontrolldichte, die der EGMR in Ländern mit einer etablierten und ausdifferenzierten Grundrechtsordnung praktiziert.[54] Vielleicht dient das Insistieren auf dem letzten Wort in mehrpoligen Grundrechtsverhältnissen nicht zuletzt auch als Drohkulisse, um den EGMR dazu bewegen, bei der Ausübung seiner Jurisdiktionsbefugnisse jedenfalls dort größere Zurückhaltung zu üben, wo es nicht um die Sicherstellung von Grundrechtsschutz geht, sondern nur um dessen Umverteilung. Denn mit seiner Rezeptionskontrolle in mehrpoligen Grundrechtsverhältnissen behält sich das BVerfG vor, in jedem Einzelfall selbst zu entscheiden, inwieweit ein Judikat des EGMR Veranlassung ist, die bisherige verfassungsgerichtliche Rechtsprechung zu überdenken, und vermeidet eine pauschale Festlegung zugunsten des EGMR.

Mitunter werden die sog. *Caroline*-Entscheidungen von EGMR, BVerfG und BGH, denen ebenfalls ein solches mehrpoliges Grundrechtsverhältnis zugrunde lag, als Beispiel dafür angeführt, dass sich das BVerfG allem ver-

---

50 Vgl. BVerfGE 125, 39 (73 ff., insb. 79 f.) zu Art. 139 WRV; *Korioth,* in: Maunz/Dürig, GG, 63. Erg. 2011, Art. 137 WRV Rn. 22.

51 *Ehlers,* in: Sachs, GG, 6. Aufl. 2011; Art. 140 Rn. 3; *Magen,* in: Umbach/Clemens, GG, Art. 140 Rn. 22; *Muckel,* in: Berliner Kommentar zum GG, Art. 140 GG/Art. 137 WRV Rn. 28.

52 BVerfGE 102, 370 (387); 125, 39 (79 f.); *Magen,* Körperschaftsstatus und Religionsfreiheit, 2004, 246 f.

53 EGMR, NZA 2011, 277 (278) (Obst); *Grabenwarter/Pabel,* Europäische Menschenrechtskonvention, 5. Aufl. 2012, § 22 Rn. 107.

54 *Grabenwarter,* FS Tomuschat, 2006, 193 (195).

fassungsdogmatischen Säbelrasseln zum Trotz im Konfliktfall doch dem EGMR anschließt. Nun lässt sich in der Tat nicht ausschließen, dass sich das BVerfG von einer gegenläufigen Rspr. des EGMR überzeugen lässt oder diese zum Anlass nimmt, seine eigene Position zu überdenken. Die *Caroline*-Entscheidungen sind dafür aber kein gutes Beispiel. In diesen Verfahren hatte das BVerfG[55] eine frühere Rspr. des BGH zunächst für verfassungsmäßig erklärt, die in bestimmten Konstellationen das Persönlichkeitsrecht von Prominenten hinter der Pressefreiheit zurücktreten lies. Später sah der EGMR in dieser Rspr. eine Verletzung des Persönlichkeitsrechts,[56] weil er diesem in der Abwägung mit der Pressefreiheit ein höheres Gewicht einräumte. Der BGH übernahm daraufhin die entsprechenden konventionsrechtlichen Vorgaben[57] und das BVerfG billigte dieses Vorgehen.[58] Die *Caroline*-Entscheidungen unterschieden sich aber in dem entscheidenden Punkt von der vorliegenden Konstellation. In den *Caroline*-Entscheidungen bewegten sich die konventionsrechtlichen Vorgaben des EGMR und die an diese angepasste Rspr. des BGH noch im Rahmen des verfassungsrechtlich zugelassenen Spielraums.[59] Das heißt, es wurde eine verfassungsmäßige, aber konventionswidrige Auslegung des einfachen Rechts durch eine ebenfalls verfassungsmäßige, aber konventionsgemäße Auslegung ersetzt. Die verfassungsrechtlichen Grenzen der völkerrechtsfreundlichen Auslegung wurden deshalb in den *Caroline*-Entscheidungen gar nicht akut. Das ist im kirchlichen Arbeitsrecht anders, weil die vom BAG nunmehr gewählte Auslegung und Anwendung der arbeitsrechtlichen Kündigungsvorschriften mit der bisherigen Rspr. des BVerfG nicht in Einklang steht.

3. Ausblick

Abschließend bedarf es noch der Erwähnung, dass die Entscheidungen des EGMR im deutschen Recht zumindest einen, wenngleich zunächst einmal nur prozessualen Effekt haben. Sie bewirken nämlich, dass die verfassungsprozessuale Bindungswirkung entfällt, welche die *Barmherzige Schwestern/Don Bosco*-Entscheidung des BVerfG nach § 31 I BVerfGG bislang gegenüber den Arbeitsgerichten entfaltete. Wie das BVerfG in der *Sicherungsverwahrungs*-Entscheidung nunmehr auch klargestellt hat, steht nämlich ein Urteil des EGMR, das bisheriger bundesverfassungsrechtlicher Rspr. widerspricht, prozessual einer die Rechts- und Gesetzeskraft beseiti-

---

55 BVerfGE 101, 361 ff. (Caroline-I).

56 EGMR, NJW 2004, 2674.

57 BGHZ 171, 275 ff.; BGH, EuGRZ 2007, 503.

58 BVerfGE 120, 180 ff. (Caroline-II).

59 BVerfGE 120, 180 (211 ff.); *Hoffmann-Riem,* NJW 2009, 20 (21).

genden rechtserheblichen Änderung der Sach- oder Rechtslage gleich.[60] Damit entfällt aber auch die Grundlage für die Bindungswirkung nach § 31 I BVerfGG.[61] Insoweit hat das BAG keinen offenen Rechtsbruch begangen. Bestand wird seine neue Rechtsprechung aber nur haben, wenn das BVerfG auch materiell-verfassungsrechtlich Anlass zur Aufgabe seiner bisherigen Rechtsprechung sieht. Angesichts der Eigengesetzlichkeit von Religion scheint es aber nicht sachgerecht und angesichts der bisherigen Rechtsprechung des BVerfG in religiösen Fragen auch nicht wahrscheinlich, dass das Gericht das religiöse Selbstverständnis der Religionsgemeinschaften einer grenzenlosen Nachprüfung staatlicher Gerichte ausliefert. Denn während die Religionsfreiheit und das Selbstbestimmungsrecht der Religionsgemeinschaften die staatlichen Gerichte dazu verpflichten, das kirchliche Selbstverständnis zur Kenntnis zu nehmen und zu respektieren, verbietet es das Neutralitätsprinzip den Gerichten zugleich, sich ein eigenes Verständnis von Gehalt und Gewicht religiöser Gebote oder Vorstellungen anzumaßen, wie es das BAG in der Chefarzt-Entscheidung jetzt unternimmt.[62] Dagegen ist der im religiös-weltanschaulich neutralen, säkularen Staat angemessene und verfassungsrechtlich allein zulässige Prüfungsansatz, der einer Willkürprüfung. Auch die EMRK ändert daran nichts.

---

[60] BVerfGE 128, 326 (364 f.); anders noch z.B. *Engels/Jürgens,* NJW 2007, 2517, 2521; *Plum,* NZA 2011, 1194 (1198).

[61] Zum Verhältnis von § 31 I BVerfGG und Rechtskraft vgl. *Heusch,* in: Umbach/Clemens/Dollinger, BVerfGG, 2. Aufl., § 31 Rn. 54.

[62] Vgl. BVerfGE 102, 370 (394).

Was haben kirchliche Arbeitgeber in der Konsequenz der Straßburger Urteile zu beachten?

Von Martin Böckel

Loyalitätskonflikte mit kirchlichen Mitarbeitern sind für Personalverantwortliche stets unangenehme Situationen. Stellen sich Mitarbeiter in Kenntnis ihrer arbeitsvertraglichen Verpflichtungen in Widerspruch zur Glaubens- und Sittenlehre der Kirche, muss dies nach der Grundordnung des kirchlichen Dienstes einen schwierigen Gesprächs- und Entscheidungsprozess für beide Seiten auslösen. Der bewertende oder beurteilende Eingriff in die privaten Lebensverhältnisse von Mitarbeiterinnen und Mitarbeitern ist uns unangenehm und fremd und wird daher tunlichst vermieden.

Vielleicht liegt es daran, dass rein statistisch solche Loyalitätskonflikte in der Praxis tatsächlich eine eher untergeordnete Rolle spielen. Dies gilt in jedem Fall für den Bereich der verfassten Kirche. Ich vertrete einen kirchlichen Dienstgeber, der selbst rund 4.400 Arbeitsverhältnisse unterhält – hier lassen sich die Loyalitätskonfliktfälle der letzten 20 Jahre an zwei Händen abzählen. Es gilt vielleicht abgeschwächt, aber in der Tendenz sicher ähnlich auch für den caritativen Bereich, wo auf der Hitliste der Kündigungsgründe sicher andere Stichworte vordere Plätze einnehmen – auch wenn es vielleicht nicht Pfandmarken oder Frikadellen sind. Dies mag auch Folge einer Vermeidungsstrategie kirchlicher Arbeitgeber sein, mit den Unwägbarkeiten arbeitsgerichtlicher Rechtsprechung umzugehen.

Warum löst die Rechtsprechung des EGMR dennoch diese tiefe Besorgnis bei den verantwortlichen Personalleitern in kirchlichen Einrichtungen aus? Ich erkenne für diese Sorge drei auslösende Momente, die ich Ihnen gerne beschreiben möchte:

I. Die arbeitsrechtliche Dimension

Kirchliche Dienstgeber fühlten sich in der Vergangenheit sicher geborgen in der Rechtsprechung des Bundesverfassungsgerichtes vom 4. Juni 1985. Dort sah man bislang einen ausreichenden Schutz vor Übergriffen der Arbeitsgerichtsbarkeit, die sich in die Beurteilung der Inhalte, der Reichweite und der Bedeutung kirchlicher Lehrsätze für Arbeitsverhältnisse in der Kirche einzumischen drohten. Indem das Bundesverfassungsgericht solche Ansätze in der Rechtsprechung des Bundesarbeitsgerichtes zurückwies, sah man sich in Schutz genommen vor überzogenen Anforderungen an die Begründung arbeitsrechtlicher Maßnahmen wegen Loyalitätsverstößen. Es genügte letztlich, den Sachverhalt und die Verletzung kirchlicher Gebote festzustellen, um handeln zu können. Die Schallmauer der Verletzung des *ordre public* oder des Willkürverbotes schien weit weg, die notwendige Abwägung mit den Interessen des Arbeitnehmers durch die plausible Darlegung der Loyalitätspflichtverletzung bereits erfüllt oder jedenfalls im Ergebnis vorbestimmt.

Nach den Straßburger Entscheidungen scheint uns diese Positionen genommen. Wenn Straßburg erwartet, dass wir die Folgen, die sich einem gekündigten Mitarbeiter wegen der Verletzung von Loyalitätspflichten stellen, mit der Schwere der Verletzung oder der Bedeutung des Mitarbeiters in der kirchlichen Aufgabenstruktur ins Verhältnis setzen, drängen sich uns neue Begründungszwänge, vielleicht sogar neue Darlegungslasten auf, die uns bislang erspart schienen.

Wie die deutsche Arbeitsgerichtsbarkeit sich den Straßburger Entscheidungssätzen anschließt und wie die deutsche Verfassungsrechtsprechung damit umgehen wird, ist schwer einzuschätzen. Wir werden uns als kirchliche Arbeitgeber aber bereits jetzt, gewissermaßen vorsorglich, darauf einstellen müssen. Dies gilt z.B. in organisatorischer Hinsicht. Wenn Abwägungen, wie sie der EGMR erwartet, notwendig sein sollten, muss das auf solche Personalentscheidungen hinzielende Verfahren sorgfältiger strukturiert und besser dokumentiert werden.

Bereits jetzt verpflichtet uns die Grundordnung in Art. 5 Abs. 3 zu vergleichbaren Überlegungen. Hier wird zwischen der Feststellung eines schwerwiegenden Verstoßes gegen die Glaubens- und Sittenlehre der katholischen Kirche und der Frage, ob daraus arbeitsrechtliche Folgen entstehen, unterschieden. Diese Überlegungen sind künftig m.E. durch den *abschließend* Personalverantwortlichen anzustellen und sie sind in umfangreicher Weise zu erläutern und festzuhalten. Dabei sind auch die persönlichen Umstände des Betroffenen in erweitertem Maß aufzuklären. Schließlich bedarf es auch der Klärung des besonderen Tätigkeitsprofiles des Betroffenen, dessen Bedeutung für den Verkündungsauftrag beschrieben werden muss.

Im Übrigen sollten – wo das möglich ist – die Stellenprofile so formuliert sein, dass die besonderen Anforderungen im Hinblick auf die Loyalität des Mitarbeiters sich aus der beschriebenen Funktion ableiten lassen. Immerhin hat der EGMR in den Fällen *Obst* und *Schüth* beträchtliche Sorgfalt auf die Analyse der Funktion der Kläger verwendet.

Die Methoden der Personalgewinnung und Personalentwicklung müssen optimiert werden. Nur so können Loyalitätspflichten in der Dienstgemeinschaft plausibel gemacht werden.

II. Die rechtspolitische Dimension

Nicht zum ersten Mal, aber vielleicht zum ersten Mal derart eindringlich, hat sich die europäische Rechtsprechung in Widerspruch zu deutschen Rechtsauffassungen zu staatskirchenrechtlichen Fragen gesetzt. Nicht nur die formale Qualität dieser Rechtsprechung wirkt auf uns fremd. Ebenso fremd wirken die Begründungen, die so wenig Achtung vor der Stellung der Kirchen zeigen, so respektlos kirchliche Arbeitgeber an profanen Maßstäben messen. All dies wirkt verstörend, nicht nur, weil es schwer durchschaubar und kaum in Einklang zu bringen ist mit unseren Rechtstraditionen, auch, weil es weitere solche Entscheidungen zu befürchten gilt, die die staatskirchenrechtliche Landschaft in Deutschland schneller verändern, als wir es je erlebt haben.

Bereits die rechtspolitische Gleichstellungsdebatte hatte ja ihren Ausgangspunkt in der europäischen Dimension, und bereits damals hatten die Kirchen ihre Standpunkte nur mit Mühe in der Diskussion platzieren können. Umso mehr müssen kirchliche Arbeitgeber heute die Rechtsprechung aller europäischen Gerichtsbarkeiten in den Blick nehmen. Wir müssen uns darauf einstellen, dass die Akzeptanz für unsere besonderen Anforderungen an die Loyalität von Mitarbeitern im europäischen Kontext immer geringer wird.

Im Ergebnis gehen die rechtspolitischen Befürchtungen im deutschen Recht in die gleiche Richtung. Auch dort kann die Rechtsprechung des EGMR eher zu einer mittelbaren Schwächung der Rolle der Kirchen führen, als dass sie unmittelbare arbeitsrechtliche Auswirkungen haben wird. Fast scheint es, als ermutigten die beiden Entscheidungen aus dem September 2010 die Gerichtsbarkeit, sich an lange tabu geglaubte Rechtspositionen heranzuwagen. Das Urteil der 8. Kammer des LAG Hamm vom 13.1.2011 zur Frage des Streikrechts in kirchlichen Einrichtungen könnte ein Beleg für diese Befürchtung sein. Ich höre die Ausführungen aus Straßburg zur institutionellen Religionsfreiheit, aber hören das alle? Im Kern geht es hier um eine neue Bewertung des Verhältnisses von individuellen und institutionellen Freiheitsrechten. Die Entscheidungen des EGMR zum Streikrecht für Beamte deuten hier möglicherweise ebenfalls eine Verschiebung an.

Auch insoweit sollten die kirchlichen Arbeitgeber die „Sorgfalt eines vorsichtigen Juristen“ walten lassen und ihre Positionen argumentativ schärfen, um mit solchen Entwicklungen umzugehen. Das Beharren auf den durch Art. 140 GG gegebenen Rechten darf nicht nur mit der Abwehr von Eingriffen des Staates in kirchliche Angelegenheiten allein gerechtfertigt werden. Es geht nicht um das unter Machtgesichtspunkten motivierte Geschlossenhalten einer *black box*, innerhalb derer wichtige Entscheidungen für unsere Mitarbeiter möglichst *intransparent* gehalten werden sollen.

Es geht, darauf wäre hinzuweisen, um die Bewahrung eines Freiheitsraumes der Kirchen, den ein freiheitlicher Staat wie die Bundesrepublik nicht entbehren kann. Ein freier Staat ist ebenso wie eine freie Gesellschaft nicht denkbar ohne freie Kirchen, die zu den wichtigsten gesellschaftlichen Institutionen gehören.

Dabei geht es nicht um zahlenmäßige Bedeutung, es geht nicht um Finanzkraft oder politischen Einfluss. Alle Hinweise aus den soziologischen Studien der jüngsten Zeit zeigen, dass die Strahlkraft des Angebotes der Kirchen immer noch für die Mehrheit in unserer Gesellschaft ungebrochen ist. Wir nehmen mit diesem Angebot, d.h. mit unserer Mission, die wir nicht zuletzt durch unsere Einrichtungen vermitteln, an dieser Gesellschaft teil. Man nähme den Kirchen ein gutes Stück ihrer Glaubwürdigkeit, wenn man sie außer Stande setzen würde, sie auch durch ihre Mitarbeiter zu verkörpern. Mit der Freiheit, die man damit den Kirchen nimmt, nimmt man dieser Rechtsordnung, nimmt man letztlich diesem Staat ein Stück Freiheit. Dieser Zusammenhang ist zu betonen.

III. Die gesellschaftspolitische Dimension

Es geht, wenn wir die Konsequenzen der Entscheidungen aus Straßburg betrachten, nicht nur um deren Wirkung auf das Recht oder die Rechtsprechung, es geht auch um die Wirkung auf bzw. in der Gesellschaft. Was wir an Akzeptanzverlusten beobachten, die kirchliche Positionen im Recht erfahren, ist immer nur ein Reflex gesellschaftlicher Veränderungen. Ob die Urteile des EGMR darauf beruhen, kann offen bleiben, jedenfalls wirken sie sich auf diese Entwicklung aus.

In dieser Situation ist eine deutliche Standortbestimmung gefragt, die die Träger von kirchlichen Einrichtungen zu leisten haben. Es kann, es *muss* aber auch aus dem besonderen Profil unserer Einrichtungen deutlich werden, warum wir auf Mitarbeiter angewiesen sind, die sich der kirchlichen Glaubens- und Sittenlehre verpflichtet fühlen. In der Tätigkeit kirchlicher Einrichtungen, ob im verfassten Bereich oder in der Caritas, soll deutlich werden, dass sie Teil unseres missionarischen Auftrages sind. Ein derart geschärftes Profil, das sich in Leitbildern oder Programmen widerspiegelt, ist letztlich die Grundvoraussetzung, um Loyalitätsanforderungen plausibel einfordern zu können. Hier haben wir, das ist nicht zu verhehlen, an manchen Stellen Nachholbedarf.

Die Entscheidungen aus Straßburg stellen uns damit, das ist der Schluss meiner Überlegungen, vor neue Herausforderungen, aber wir können Sie mit guten Argumenten bestehen.

Was bedeuten die Straßburger Urteile für die künftige Rechtsprechung der Arbeitsgerichte in Deutschland?

Von Manfred Jüngst

Den beiden Entscheidungen des Europäischen Gerichtshofs für Menschenrechte 423/03 (Obst)[1] und 1620/03 (Schüth)[2] vom 23.9.2010 lagen Individualbeschwerden der betroffenen deutschen Staatsbürger gegen die Bundesrepublik Deutschland zugrunde, die nach Art. 34 der Konvention zum Schutz der Menschenrechte und Grundfreiheiten eingereicht wurden.

Der EGMR hatte sich dabei mit der Fragestellung zu befassen, ob der Staat im Rahmen seiner Schutzpflichten aus Art. 8 EMRK verpflichtet ist, anzuerkennen, dass auch im Zusammenhang mit einer vom kirchlichen Arbeitgeber ausgesprochenen Kündigung dem kirchlichen Arbeitnehmer ein Recht auf Achtung seines Privatlebens zusteht und ob dieses Recht in Prozessen um die Wirksamkeit der Kündigung besonders zu beachten ist.

Der EGMR ist in den beiden Entscheidungen zu unterschiedlichen Ergebnissen gelangt. Er ist im Fall *Obst* zur Einschätzung gelangt Art. 8 MRK sei nicht verletzt, im Fall *Schüth* kam er zum gegenteiligen Ergebnis.

Der Beitrag unternimmt nicht den Versuch der dogmatischen Einordnung der Entscheidungen. Offenbleiben soll insbesondere die Beantwortung der Frage, ob nicht gegebenenfalls in einem künftigen vergleichbaren Fall, der wiederum durch alle Instanzen der Arbeitsgerichtsbarkeit geführt werden könnte, auch eine neuerliche Befassung des Bundesverfassungsgerichts geboten erscheint.

Der Beitrag stellt den schlichten Versuch dar, aufzuzeigen, welche praktischen Schlussfolgerungen für den kirchlichen Arbeitgeber aus den Straßburger Urteilen gezogen werden sollen, um künftig in Auseinandersetzungen vor den staatlichen Arbeitsgerichten sicherer handeln zu können als dies möglich erscheint, wenn sich der kirchliche Arbeitgeber bei Kündigungen wegen Loyalitätsverletzungen allein auf den Maßstab der Loyalität nach eigenem Selbstverständnis beruft.

---

[1] EuGRZ 2010, 571 ff.

[2] EuGRZ 2010, 560 ff.

Dieser Versuch sei gestattet, weil zu erwarten ist, dass die Instanzgerichte die Straßburger Urteile dahingehend interpretieren werden, dass vom kirchlichen Arbeitgeber benannte Kündigungsgründe gegen Loyalitätspflichten, die ausschließlich nach kirchlichem Selbstverständnis definiert sind, auf eine Benennung absoluter Kündigungsgründe hinausliefen, die es im kündigungsgeschützten Arbeitsverhältnis gerade nicht gibt.[3]

Dies gilt umso mehr, als gerade auch der EGMR herausstellt, dass die staatlichen Arbeitsgerichte nicht uneingeschränkt an die Vorgaben der Kirchen und Religionsgemeinschaften gebunden sind, sondern dafür Sorge zu tragen haben, dass diese nicht ihren Beschäftigten unannehmbare Loyalitätspflichten auferlegen.[4]

I. Der Prüfungsmaßstab durch den EGMR

Der Europäische Gerichtshof für Menschenrechte hat mit seinen beiden Entscheidungen 423/03 (Obst)[5] und 1620/03 (Schüth)[6] vom 23.09.2010 aufgezeigt:

- dass es den innerstaatlichen Gerichten obliegt, das innerstaatliche Recht auszulegen und anzuwenden, so dass es nicht seine Aufgabe sei, an die Stelle der innerstaatlichen Gerichte zu treten,
- der Gerichtshof allerdings zu prüfen habe, ob die Auswirkungen der von innerstaatlichen Gerichten ergangenen Schlussfolgerungen mit der Konvention in Einklang stehen.[7]

Stichpunktartige Zusammenfassung der Gründe für die im Ergebnis gegenteiligen Entscheidungen des EGMR vom 23.9.2010:

1. Sein Ergebnis, dass im Fall *Obst* Art. 8 EMRK (Recht auf Achtung des Privat- und Familienlebens) in der Abwägung zu Art. 9 (Religionsfreiheit) und Art. 11 (Vereinsfreiheit) nicht als verletzt anzusehen ist, begründet der EGMR stichwortartig zusammengefasst wie folgt:

    a) Es sei nicht zu beanstanden, dass die staatlichen Gerichte angenommen haben, dass der Beschwerdeführer eine (wirksame) Loyalitätsverpflichtung eingegangen sei und sich hiernach keinen unangemessenen Verpflichtungen unterworfen habe.

---

[3] BAG, Urt. v. 10.06.2010 – 2 AZR 541/09, NZA 2010, 1227.

[4] EGMR, Urt. v. 23.9.2010, Nr. 425/03 (Obst), Z. 49.

[5] EuGRZ 2010, 571 ff.

[6] EuGRZ 2010, 560 ff.

[7] EGMR, Urt. v. 23.9.2010, Nr. 1620/03 (Schüth), Z. 65.

Dieses wertende Ergebnis hätten die staatlichen Gerichte zu Recht insbesondere aus folgenden Umständen abgeleitet:

- das Aufwachsen des Beschwerdeführers in der Mormonenkirche,
- das Bekleiden verschiedener Ämter,
- die schließlich übertragene herausgehobene Position als Gebietsdirektor Europa in der Abteilung Öffentlichkeitsarbeit,
- das nach Vita und beruflichem Werdegang anzunehmende Wissen des Beschwerdeführers um
  - zum einen die Schwere des Verstoßes nach dem Werteverständnis seines Dienstgebers und
  - zum anderen die Auswirkung auf die Glaubwürdigkeit seines kirchlichen Arbeitgebers.

Hiernach sei die bei Abschluss des Arbeitsvertrages als Gebietsdirektor Europa in § 10 des Arbeitsvertrages eingegangene Loyalitätsverpflichtung als wirksam anzusehen.[8]

b) Sodann kommt der Gerichtshof zu dem Ergebnis, dass auch die von staatlichen deutschen Gerichten gezogenen Schlussfolgerungen mit der Konvention in Einklang standen:

- Der EGMR hat nicht beanstandet, dass die staatlichen Gerichte unter Berücksichtigung aller Umstände des Einzelfalles eine Abmahnung für entbehrlich gehalten haben.
- Er hat hervorgehoben, dass die staatlichen Gerichte in ihren Entscheidungen zutreffend beachtet und klargestellt hatten, dass ihre Schlussfolgerungen nicht so zu verstehen seien, als würden sie bedeuten, dass jeder Ehebruch an sich einen Grund für eine (fristlose) Kündigung eines kirchlichen Beschäftigten darstellt.
- Er hat schließlich die Abwägung zu Lasten des Beschwerdeführers gebilligt, dass aufgrund der Schwere des Ehebruchs in den Augen der Mormonenkirche und der herausragenden Position des Beschwerdeführers die Interessen des kirchlichen Arbeitgebers vorrangig seien.[9]

Hiernach gelangt der EGMR zu dem Ergebnis, dass im Fall *Obst* Art. 8 MRK nicht verletzt ist.

---

[8] EGMR, Urt. v. 23.9.2010, Nr. 425/03 (Obst), Z. 48 und 50.

[9] EGMR, Urt. v. 23.9.2010, Nr. 425/03 (Obst), Z. 49.

2. Für das gegenteilige Ergebnis im Fall *Schüth* weist der EGMR auf folgendes hin:

   a) Anders als im Fall *Obst* sei nicht von einer verbindlichen Loyalitätsverpflichtung in Bezug auf die Problemlage des Streitfalls (eheähnliche Lebensgemeinschaft nach Trennung von der Ehefrau) auszugehen.

      Der Beschwerdeführer sei zwar durch seinen Arbeitsvertrag gegenüber seinem kirchlichen Arbeitgeber arbeitsvertraglich eine Loyalitätsverpflichtung eingegangen, was dem Grunde nach auch nach der EMRK zulässig sei. Die vertraglich eingegangene Verpflichtung sei allerdings nicht als eine unmissverständliche persönliche Verpflichtung zu verstehen, im Falle der Trennung oder Scheidung abstinent zu leben. Eine solche Auslegung würde den Kern des Rechts auf Achtung des Privatlebens des Betroffenen berühren, besonders deshalb, weil der Beschwerdeführer (nach Feststellung der Arbeitsgerichte) keinen gesteigerten Loyalitätsobliegenheiten unterworfen gewesen sei.[10]

   b) Der EGMR rügt im Übrigen den unzureichenden „bündigen" Charakter der Argumentation der staatlichen Gerichte:

      – Im eigentlichen sei in Bezug auf die Aufgabenstellung des Klägers deren Nähe zum Verkündungsauftrag nicht geprüft.[11]

      – Weder auf das tatsächliche Familienleben des Beschwerdeführers noch auf den damit gewährten Rechtsschutz seien die staatlichen Gerichte eingegangen. Die Interessen des kirchlichen Arbeitgebers seien infolgedessen mit dem nach Artikel 8 der Konvention zugesicherten Recht des Beschwerdeführers auf Achtung seines Privat- und Familienlebens nicht abgewogen worden.[12]

      – Eine auf eine Loyalitätsverletzung der streitigen Art gestützte Kündigung dürfe nicht nur einer eingeschränkten gerichtlichen Kontrolle durch das zuständige staatliche Arbeitsgericht unterworfen werden. Es müsse insbesondere auch die Art der vom Betroffenen bekleideten Stelle berücksichtigt werden und tatsächlich eine Abwägung der in Rede stehenden Interessen im Licht des Grundsatzes der Verhältnismäßigkeit erfolgen. Dies sei nicht erfolgt.[13]

---

[10] EGMR, Urt. v. 23.9.2010, Nr. 1620/03 (Schüth), Z. 73.

[11] *Schüth* (a.a.O.), Z. 69.

[12] *Schüth* (a.a.O.), Z. 67.

[13] *Schüth* (a.a.O.), Z. 69.

c) Der EGMR hebt des Weiteren hervor, dass zu berücksichtigende sonstige Gesichtspunkte von den staatlichen Gerichten nicht gewertet worden seien. Dies gelte insbesondere für

– den Umstand fehlender Erwähnung des Streitfalls in der Öffentlichkeit[14] und

– die nur eingeschränkte Vermittelbarkeit eines Arbeitnehmers mit Ausbildung und Tätigkeit besonderen Charakters auf dem Arbeitsmarkt,[15]

so dass die staatlichen Gerichte nicht hinreichend dargelegt hätten, warum die Interessen des kirchlichen Arbeitgebers diejenigen des Beschwerdeführers bei weitem übertroffen haben.

Hiernach gelangt der EGMR zu dem Ergebnis, dass die staatlichen Gerichte und damit der deutsche Staat dem Beschwerdeführer nicht den notwendigen Schutz gewährt haben und dass somit Artikel 8 EMRK verletzt worden ist.

II. Praktische Konsequenzen für die künftige Rechtsprechung vor den Arbeitsgerichten

1. Vorbemerkungen

Zunächst erscheint es angebracht, herauszustellen, dass die Urteile des EGMR wichtige Grundsätze nicht in Zweifel ziehen.

Der Gerichtshof unterstreicht, dass die Bundesrepublik Deutschland durch die Einrichtung eines Arbeitsgerichtssystems sowie eines Verfassungsgerichts, das dafür zuständig ist, die Entscheidungen der Arbeitsgerichte zu kontrollieren, seine Schutzpflichten gegenüber den Rechtsuchenden im arbeitsrechtsrechtlichen Bereich, einem Bereich, in dem die Rechtsstreitigkeiten ganz allgemein die Rechte der Betroffenen aus Art. 8 der EMRK berühren, grundsätzlich erfüllt hat.[16]

Der EGMR geht sodann bei seiner Prüfung in der Sache bei den angesprochenen Urteilen vom verfassungsrechtlich verbürgten Selbstbestimmungsrecht der Kirchen aus, das auch für alle der Kirche in bestimmter Weise zugeordneten Einrichtungen gilt, wenn diese ein Stück des Auftrags der Kirche wahrnehmen.

---

[14] EGMR, Urt. v. 23.9.2010, Nr. 1620/03 (Schüth), Z. 72.

[15] *Schüth* (a.a.O.), Z. 73.

[16] *Schüth* (a.a.O.), Z. 59.

Damit kann insoweit nach wie vor von deren Gestaltungsfreiheit unter dem Vorbehalt der für alle geltenden Gesetze ausgegangen werden. Hierzu wiederum gehören zum Schutz vor ungerechtfertigten Kündigungen insbesondere § 1 KSchG und § 626 BGB.

Daraus ergibt sich sodann auch, dass die Arbeitsgerichte die vorgegebenen kirchlichen Maßstäbe für die Bewertung vertraglicher Loyalitätspflichten zugrunde zu legen haben. Es bleibt somit grundsätzlich den Kirchen überlassen, verbindlich zu bestimmen, was

- „die Glaubwürdigkeit der Kirche und ihrer Verkündigung erfordert",
- was „spezifisch kirchliche Aufgaben" sind,
- was „Nähe" zu ihnen bedeutet,
- welches die „wesentlichen Grundsätze der Glaubens- und Sittenlehre" sind und
- was als – gegebenenfalls schwerer – „Verstoß" gegen diese anzusehen ist.

Auch die Entscheidung darüber, ob und wie innerhalb der im kirchlichen Dienst tätigen Arbeitnehmer eine „Abstufung" der Loyalitätspflichten eingreifen soll, ist grundsätzlich eine dem kirchlichen Selbstbestimmungsrecht unterliegende Angelegenheit.

Liegen hierbei wie im Fall *Schüth* durch die Grundordnung der Katholischen Kirche[17] für das Arbeitsvertragsverhältnis zu berücksichtigende Regelungen zu Loyalitätsobliegenheiten und Verstößen gegen Loyalitätsobliegenheiten vor (Art. 4 und Art. 5 Grundordnung) so weist der Gerichtshof ausdrücklich darauf hin, dass es den innerstaatlichen Gerichten obliegt, das innerstaatliche Recht auszulegen und anzuwenden.[18]

Thüsing hatte bereits in seiner Anmerkung zum seinerzeitigen Urteil des Bundesarbeitsgerichts vom 24.04.1997 im Kündigungsschutzprozess *Obst*, durch das der Rechtsstreit zurückverwiesen worden war, ausgeführt[19]:

(1) Es muss bei der Wertung, ob ein wichtiger, zur Kündigung berechtigender Grund vorliegt, der Besonderheit eines Arbeitsverhältnisses zur Kirche und dessen durch ein Bekenntnis geprägten Verständnisses Rechnung getragen werden.

(2) Das Kündigungsrecht würde die Kirchen ungleich hart treffen, könnten nicht sie selbst, sondern das weltliche Gericht bestimmen, welche Loya-

---

[17] Grundordnung des kirchlichen Dienstes im Rahmen kirchlicher Arbeitsverhältnisse vom 22.9.1993 mit Änderungen vom 21.9.2004.

[18] EGMR, Urt. v. 23.9.2010, Nr. 1620/03 (Schüth), Z. 65.

[19] Thüsing Anmerkung zu BAG, Urteil vom 24.04.1997 – 2 AZR 268/98, AP BGB § 611 Kirchendienst Nr. 27.

litätspflichten ihre Arbeitnehmer haben. Daher haben sie das Recht festzulegen, welches Verhalten sie als so sehr im Widerspruch zu ihrer Lehre empfinden, dass eine Lösung des Arbeitsverhältnisses zur Wahrung der eigenen Glaubwürdigkeit erforderlich ist.

(3) Eine Bindung der Arbeitsgerichte an diese kirchlichen Vorgaben entfällt nur, soweit die Kirchen sich mit dieser Festlegung in Widerspruch zu Grundprinzipien der Rechtsordnung setzen.

Diese Grundsätze können – von der Wertungsfrage des Verständnisses zum Umfang der eingegangenen Loyalitätsverpflichtung selbst abgesehen[20] – dem Grunde nach als bestätigt angesehen werden, jedenfalls dann, wenn man Ziffer 2 dahingehend versteht, dass absolute Kündigungsgründe nicht festgelegt werden können.

Zum weiteren Hinweis *Thüsings* in seiner Anmerkung zum Urteil des Bundesarbeitsgerichts vom 24.04.1997[21]:

(4) Wo es nicht um die Festlegung der Loyalitätspflichten (selbst) geht, (...) müssen (allerdings) die (sich aus der Rechtsordnung ableitenden) (...) Schranken auch gegenüber kirchlichen Arbeitgebern durchgesetzt werden,

ist anzumerken, dass nunmehr im Rahmen der Prüfung einer Kündigung des kirchlichen Arbeitgebers die Einhaltung der Grundsätze der Konvention der Menschenrechte und Grundfreiheiten zu beachten sein dürfte.

2. Auswirkungen auf künftige Prozesse und für die künftige Rechtsprechung

Zunächst einmal ist von dem Grundsatz auszugehen – und dies gilt gerade auch soweit es dem kirchlichen Arbeitgeber gestattet ist, festzulegen, was als schwerer Verstoß gegen wesentliche Grundsätze der Glaubens- und Sittenlehre anzusehen ist – dass das Gesetz keine absoluten Kündigungsgründe kennt.[22]

Die Urteile des EGMR erlegen nunmehr den Arbeitsgerichten im Rahmen der Prüfung des Vorliegens eines zur Kündigung berechtigenden Grundes ausdrücklich die Verpflichtung auf, in einem jeden Einzelfall, in dem es um eine Kündigung eines kirchlichen Arbeitnehmers wegen Verstoßes gegen wesentliche Glaubensgrundsätze und/oder eingegangene Loyalitätspflichten geht, eine Interessenabwägung vorzunehmen.

---

[20] Siehe oben II. 2. a) und EGMR, Urt. v. 23.9.2010, Nr. 1620/03 (Schüth), Z. 73.

[21] Thüsing Anmerkung zu BAG, Urteil vom 24.04.1997 – 2 AZR 268/98, a.a.O.

[22] BAG, Urt. v. 10.06.2010 – 2 AZR 541/09, NZA 2010, 1227.

Die Interessenabwägung hat zu erfolgen zwischen der garantierten Eigenständigkeit von Religionsgemeinschaften gegen unzulässige staatliche Einmischung nach Art. 9 EMRK (Religionsfreiheit) i.V.m. Art. 11 EMRK (Vereinigungsfreiheit) einerseits und dem Recht des kirchlichen Arbeitnehmers auf Achtung seines Privat- und Familienlebens nach Art. 8 EMRK andererseits.

Mit diesem Postulat liegt der EGMR im Übrigen durchaus auf der Linie des Bundesarbeitsgerichts und dessen zuletzt mit seiner *Emmely*-Entscheidung[23] erfolgter Betonung, den Blick auf die Umstände des Einzelfalls zu legen und damit dem Verhältnismäßigkeitsgrundsatz Geltung zu verschaffen, wenn das Bundesarbeitsgericht gar als Leitsatz herausstellt:

Es bedarf stets einer umfassenden, auf den Einzelfall bezogenen Prüfung und Interessenabwägung dahingehend, ob dem Kündigenden die Fortsetzung des Arbeitsverhältnisses trotz der eingetretenen Vertrauensstörung zumutbar ist oder nicht.[24]

Der Arbeitgeber trägt in Kündigungsprozessen die Darlegungs- und Beweislast für den Kündigungsgrund.[25]

Damit ist der kirchliche Arbeitgeber, soweit es um Loyalitätsverstöße geht, zunächst dafür darlegungs- und beweispflichtig, dass der kirchliche Arbeitnehmer verbindlich und zumutbar Loyalitätspflichten für deren Einhaltung ein berechtigtes Interesse des kirchlichen Arbeitgebers anzuerkennen ist, eingegangen ist und dass der kirchliche Arbeitnehmer gegen wesentliche Glaubensgrundsätze und/oder eingegangene Loyalitätspflichten verstoßen hat.

Der Verstoß als solcher wird allerdings wie in den Urteilen des EGMR zugrunde liegenden Fällen bei eheähnlicher Lebensgemeinschaft oder Wiederverheiratung unstreitig sein.

Im Kündigungsschutzprozess wird künftig sodann auch zu allen Punkten, die für die zu treffende gebotene Abwägung der Rechte nach Art. 8 EMRK einerseits beziehungsweise Art 9 und Art. 11 EMRK andererseits von Bedeutung sind, vorzutragen sein.

In einem Rechtsstreit hat der kirchliche Arbeitgeber alle tatsächlichen Umstände, die eine Abwägung zu seinen Gunsten tragen sollen, nachzuweisen. Etwaige substantiiert vorgetragene Entschuldigungs- oder Rechtfertigungsgründe sind zu widerlegen.[26]

---

23 BAG, Urt. v. 10.06.2010 – 2 AZR 541/09, NZA 2010, 1227.

24 BAG, a.a.O.

25 BAG, Urt. v. 21.5.1992 – 2 AZR 10/92, NZA 1993, 115.

26 BAG, Urt. v. 21.5.1992 – 2 AZR 10/92, NZA 1993, 115.

Nur durch einen Tatsachenvortrag unter Beweisantritt, der den vom EGMR aufgezeigten Grundsätzen für eine vorzunehmende Abwägung entspricht, ist gewährleistet, dass gerichtlich geprüft werden kann, ob der kirchliche Arbeitgeber neben dem eigenen Interesse an der Loyalität seines Arbeitnehmers auch dessen schutzwürdige Interessen hinreichend beachtet hat.

Die Abwägung als solche, die sodann die Arbeitsgerichte vorzunehmen haben, muss ergeben, dass die Interessen des kirchlichen Arbeitgebers die des betroffenen Arbeitnehmers übertreffen.[27]

Hieraus leitet sich für die gerichtliche Praxis ab, dass die Entscheidung künftiger Kündigungsschutzrechtsstreitigkeiten kirchlicher Arbeitnehmer, die Kündigungen wegen sog. Verstöße gegen eingegangene Loyalitätsverpflichtungen zum Gegenstand haben, wesentlich vom Tatsachenvortrag und dessen Beweisbarkeit abhängen werden. Daher wird auf den sorgfältigen Vortrag aller für die Entscheidung wesentlicher Umstände in den Tatsacheninstanzen besonders zu achten sein. Dies gilt umso mehr, als das Bundesarbeitsgericht eine nach Maßgabe aller in Betracht zu ziehender Umstände vorgenommene Abwägung nicht beanstanden wird, wenn das Landesarbeitsgericht alle wesentlichen, für und gegen Zumutbarkeit einer dauerhaften Weiterbeschäftigung sprechenden Aspekte berücksichtigt und vertretbar gegeneinander abgewogen hat.[28]

Hinzukommt, dass ein Landesarbeitsgericht, das einen Loyalitätsverstoß und daraus abgeleitet einen Kündigungsgrund dem Grunde nach annimmt oder als gegeben unterstellt, das allerdings die Kündigung an der Abwägung der Interessen zugunsten des Arbeitnehmers scheitern lässt, für seine Einzelfallentscheidung keinen Grund zur Zulassung der Revision sehen wird.

Nach Maßgabe der Ausführungen des EGMR sollten schon, um derartige Entscheidungen zu verhindern, in der Praxis für die im Einzelfall vorzunehmende Interessenabwägung folgende Gesichtspunkte beachtet werden und vorsorglich hierzu im Prozess vorgetragen werden:

(1) die genaue Darstellung der arbeitsvertraglichen Aufgabenstellung des betroffenen Arbeitnehmers,

(2) die konkrete Darlegung der eingegangenen Loyalitätsverpflichtungen, ggf. unter Angabe hierzu bestehender kollektivrechtlicher Regelungen,

(3) die Gründe für die Erforderlichkeit der eingegangenen Loyalitätsverpflichtung nach arbeitsvertraglicher Aufgabenstellung und/oder hierarchischer Stellung des betroffenen Arbeitnehmers (Aufgabenstellung im Verkündungsauftrag des kirchlichen Arbeitgebers oder der Nähe dazu),

[27] EGMR, Urt. v. 23.9.2010, Nr. 1620/03 (Schüth), Z. 74.

[28] BAG, Urt. v. 28.10.2010 – 2 AZR 293/09, EzA-SD 2010, Nr. 26, 10.

(4) die konkrete Darstellung des Verstoßes gegen die eingegangene Loyalitätsverpflichtung nach Inhalt und ggf. Dauer und die Darstellung der Bedeutung des Verstoßes für den Arbeitgeber nach seinem Werteverständnis,

(5) die Darstellung von Umständen aus denen sich ableitet, dass aus der Hinnahme des Verstoßes ein Glaubwürdigkeitsverlust des kirchlichen Arbeitgebers eintritt,

(6) die Darstellung von (untauglichen) Bemühungen das Fehlverhalten abzustellen bzw. von Umständen die derartige Bemühungen unzumutbar erscheinen lassen,

(7) die Darstellung fehlender Möglichkeiten einen Konflikt durch eine im Vergleich zur Kündigung weniger schwere Sanktion zu lösen,

(8) Angaben dazu, ob die Umstände der Loyalitätsverletzung an die Öffentlichkeit gelangt sind, wenn ja durch wen und wie,

(9) Darstellung etwaiger sonstiger Verhaltensweisen des betroffenen Arbeitnehmers, die als Kritik und/oder Widerspruch gegen das Werteverständnis des kirchlichen Arbeitgebers zu verstehen sind und

(10) die Auswirkung der (beabsichtigten) Kündigung für den betroffenen Arbeitnehmer insbesondere in Bezug auf dessen Vermittelbarkeit auf dem allgemeinen Arbeitsmarkt im Falle der Wahrnehmung einer arbeitsvertraglichen Aufgabenstellung besonderen (kirchlichen) Charakters.

3. Vermeidung widersprüchlichen Verhaltens

In der Praxis ist zudem festzustellen, dass in Kündigungsfällen der vorstehend angesprochenen Art der kirchliche Arbeitgeber nicht selten mit der Problemlage widersprüchlichen Verhaltens konfrontiert ist. Dies gilt es grundsätzlich zu vermeiden.

Sachwortverzeichnis

Verzeichnis der Autoren und Herausgeber

Dr. *Martin Böckel*
Verwaltungsdirektor, Leiter der Hauptabteilung Verwaltung und Personalverantwortlicher im Erzbischöflichen Generalvikariat Köln

Prof. Dr. Dr. *Christoph Grabenwarter*
Inhaber des Lehrstuhls für Öffentliches Recht, Wirtschaftsrecht und Völkerrecht, Wirtschaftsuniversität Wien; Richter des österreichischen Verfassungsgerichtshofs

Prof. Dr. *Jacob Joussen*
Inhaber des Lehrstuhls für Bürgerliches Recht, Deutsches und Europäisches Arbeitsrecht und Sozialrecht, Ruhr-Universität Bochum

Manfred Jüngst
Vorsitzender Richter am Landesarbeitsgericht Köln

Dr. *Burkhard Kämper*
Bis 2011 Leiter des Dezernates Personal/Verwaltung im Bischöflichen Generalvikariat Essen, seit 2011 Justitiar und stellv. Leiter des Katholischen Büros Nordrhein-Westfalen in Düsseldorf; Lehrbeauftragter für Kirchenrecht und Staatskirchenrecht an der Juristischen Fakultät der Ruhr-Universität Bochum

Prof. Dr. *Stefan Magen*
Inhaber des Lehrstuhls für Öffentliches Recht, Rechtsphilosophie und Rechtsökonomik, Ruhr-Universität Bochum

Prof. Dr. *Adelheid Puttler*
LL.M. (U. of Chicago), diplômée de l'E.N.A; Inhaberin des Lehrstuhls für Öffentliches Recht, insbesondere Europarecht, Völkerrecht und Internationales Wirtschaftsrecht, Ruhr-Universität Bochum; 2010–2012 Dekanin der Juristischen Fakultät der Ruhr-Universität Bochum

Staatskirchenrechtliche Abhandlungen

Herausgegeben von Otto Depenheuer, Alexander Hollerbach, Josef Isensee, Matthias Jestaedt, Joseph Listl, Wolfgang Loschelder, Hans Maier, Paul Mikat (†), Stefan Muckel, Wolfgang Rüfner, Christian Starck, Arnd Uhle

26 **Die Stellung der Ordensangehörigen im staatlichen Sozialversicherungs- und Vermögensrecht.** Von A. Sailer. 269 S. 1996 ⟨978-3-428-08496-8⟩ € 58,–

27 **Militärseelsorge.** Verfassungs- und beamtenrechtliche Fragen der Kooperation von Staat und Kirche. Von J. Ennuschat. 402 S. 1996 ⟨978-3-428-08657-3⟩ € 86,–

28 **Die Rechtsstellung der Theologischen Fakultäten Trier, Paderborn, Frankfurt, St. Georgen und Fulda.** Von R. Himmelsbach. 292 S. 1997 ⟨978-3-428-08972-7⟩ € 62,–

29 **Religiöse Freiheit und staatliche Letztentscheidung.** Die verfassungsrechtlichen Garantien religiöser Freiheit unter veränderten gesellschaftlichen Verhältnissen. Von S. Muckel. XXI, 335 S. 1998 ⟨978-3-428-09077-8⟩ € 92,–

30 **Religionsunterricht in Brandenburg.** Zur Regelung des Religionsunterrichtes und des Faches Lebensgestaltung – Ethik – Religionskunde (LER). Von M. Heckel. 112 S. 1998 ⟨978-3-428-09419-6⟩ € 48,–

31 **Kirchenasyl in den Vereinigten Staaten von Amerika.** Die Sanctuary-Bewegung in tatsächlicher und normativer Hinsicht. Von G. Stukenborg. 259 S. 1998 ⟨978-3-428-09399-1⟩ € 62,–

32 **Glockenläuten und Uhrenschlag.** Der Gebrauch von Kirchenglocken in der kirchlichen und staatlichen Rechtsordnung. Von A. Hense. Tab.; 418 S. 1998 ⟨978-3-428-09346-5⟩ € 84,–

33 **Dem Staate, was des Staates – der Kirche, was der Kirche ist.** Festschrift für Joseph Listl zum 70. Geburtstag. Hrsg. von J. Isensee, W. Rees und W. Rüfner. Frontispiz; XIV, 1115 S. 1999 ⟨978-3-428-09814-9⟩ € 139,–

34 **Der Bund der Deutschen Katholischen Jugend und seine Mitgliedsverbände.** Erster Teilband: Der BDKJ in historischer und kirchenrechtlicher Bedeutung. Zweiter Teilband: Rechts- und Grundlagentexte zur katholischen Jugendverbandsarbeit. Von R. Tillmanns. Zus. 702 S. 1999 ⟨978-3-428-09252-9⟩ € 114,–

35 **Die Errichtung des Erzbistums und der Kirchenprovinz Hamburg durch Vertrag vom 22. September 1994.** Ein Beitrag zur Rechtsgeschichte des Staatskirchenrechts. Von C. Halm. 283 S. 2000 ⟨978-3-428-09211-6⟩ € 82,–

36 **Zwischen nationaler Identität und europäischer Harmonisierung.** Zur Grundspannung des zukünftigen Verhältnisses von Gesellschaft, Staat und Kirche in Europa. Hrsg. von B. Kämper und M. Schlagheck. 157 S. 2002 ⟨978-3-428-10637-0⟩ € 54,–

37 **Recht und Freiheit im Staatskirchenrecht.** Das Selbstbestimmungsrecht der Religionsgemeinschaften als Grundlage des staatskirchenrechtlichen Systems der Bundesrepublik Deutschland. Von G. Neureither. 382 S. 2002 ⟨978-3-428-10838-1⟩ € 96,–